书山有路勤为径,优质资源伴你行

注册世纪波学院会员,享精品图书增值服务

零成本数字化营销

私域 + 直播

周原·著

电子工业出版社
Publishing House of Electronics Industry
北京·BEIJING

未经许可，不得以任何方式复制或抄袭本书之部分或全部内容。
版权所有，侵权必究。

图书在版编目（CIP）数据

零成本数字化营销：私域＋直播／周原著．—北京：电子工业出版社，2022.2
ISBN 978-7-121-42592-9

Ⅰ.①零… Ⅱ.①周… Ⅲ.①网络营销 Ⅳ.① F713.365.2

中国版本图书馆 CIP 数据核字（2022）第 015198 号

责任编辑：杨洪军
印　　刷：三河市华成印务有限公司
装　　订：三河市华成印务有限公司
出版发行：电子工业出版社
　　　　　北京市海淀区万寿路173信箱　邮编：100036
开　　本：720×1000　1/16　印张：16.5　字数：200千字
版　　次：2022年2月第1版
印　　次：2022年2月第1次印刷
定　　价：72.00元

凡所购买电子工业出版社图书有缺损问题，请向购买书店调换。若书店售缺，请与本社发行部联系，联系及邮购电话：（010）88254888，88258888。
质量投诉请发邮件至zlts@phei.com.cn，盗版侵权举报请发邮件至dbqq@phei.com.cn。
本书咨询联系方式：（010）88254199，sjb@phei.com.cn。

前言

海明威在《老人与海》中写道:"生活总是让我们遍体鳞伤,但到后来,那些受伤的地方一定会变成我们最强壮的地方。"

2020年年初突然暴发的新冠肺炎疫情,对各行各业尤其是与线下相关的产业造成了深度影响。但所有企业都没有放弃自救,都希望自己能"活着"迎来光明。

某直播平台的标品业务负责人说,在疫情期间她听到最多的话是"我们已经知道私域流量很重要了,请直接告诉我们,该怎么干吧"。许多大、中型企业迅速开启了从公域流量向私域流量迁移的项目。疫情危机的背后,是产业跃升时刻的提前到来。可以说,突如其来的疫情加速了消费者原有消费习惯的改变,使得线下商业形态受到猛烈冲击,同时线上新的机遇正在出现,数字经济有望迎来新增长。从某种程度上来看,危机令很多企业原本不突出的问题得以彻底暴露,逼着大家开始加速思考和努力寻求变革。面对危机,只有具备完善的数字化布局,企业才能稳抓线上流量红利,借助数字经济的优势创收,进而利用疫情带来的市场拐点进行弯道超车。疫情期间,许多企业凭借数字化布局,借助私域流量和直播的力量,实现了让企业存活并蓬勃发展。

零成本数字化营销

服饰企业太平鸟旗下品牌利用微信线上会员专场、社群营销裂变、小程序分销、不同区域轮流直播等形式,取得了即便暂停门店营业也保持销售业务额增长,日均销售总额突破800万元的成绩。在武汉门店全部暂停营业的情况下,该品牌导购进行线上销售,使得太平鸟女装品牌从2020年2月以来销售额连续高增长,且实现日环比增长100%。与此同时,太平鸟旗下品牌乐町在8个零售大区启动社群销售业务,3天内小程序货品总成交额达到136万元。在门店无法营业、实体行业业绩普遍下滑60%~80%的情况下,乐町8个零售大区88%的导购坚持在线销售业务,单人业绩最高达2.7万元。

2020年2月25日,《东方今报》第8版刊登了《按下"重启键",实体店直播"破冰"》的文章。文章表示,在"向春而行"直播"破冰"的行动中,林清轩表现最为抢眼,堪称"疫情下的逆袭样本"。这个以实体店零售为主要销售模式的品牌,在疫情开始时店铺业绩下滑90%,而半个月后却只下滑45%。林清轩的创始人孙来春表示:"因为疫情,实体店暂停营业,我们很难用传统的模式去做生意,唯有通过数字化触达消费者,林清轩在数字化方面做了很多尝试,因为我认为数字化是未来的趋势。在2017年之前,我自己成立了一家软件公司,聘请了75位软件工程师,做网上商城、数据开发等,累计亏损5 000多万元。"但正是因为孙来春曾经在数字化上投入了较多资金,所以在疫情"黑天鹅"来袭下,林清轩依旧可以保持生命力。数字化运营也为林清轩后续在直播及私域流量运营上形成助力。

服装品牌茵曼的微店日活跃用户已经突破6.5万人,超过2019年"双十一"当天的活跃人数,多数门店单天销售额突破5 000元,部分门店达到上万元，2020年2月5日单日更是完成了日常140%的销量，其中微店销量相当于以往一个月的成绩。

归纳这些案例，我们可以从中发现一些共性：案例中的企业为了"自救"，迅速将线下业务转移到线上，采取"小程序+社群+私域流量"的综合打法，为自己带来了增量。普通创业者或者小微企业的管理者，可以从这些企业的"自救"方法中学到哪些团队运营、实现获利的方法呢？

笔者认为这些案例中包含三种方法，是想要零成本实现获利的人所必须了解的。

第一，重视数字化。数字化能够帮助企业实现精准营销，也能帮助企业更加了解自己的用户，将业务数字化，将数字业务化。例如，护肤品品牌的用户在商家门店购买了一套护肤品并添加了导购专员为微信好友，可能还会去公众号浏览商家的新品信息，或者访问商家的小程序参加促销活动，那么商家的社会关系管理系统（Social Customer Relationship Management，SCRM）就可以实时采集用户的动态，将这些动态整理成用户画像反馈给导购专员，在用户的护肤品快用完时自动提醒导购专员发送优惠券。这样一来，用户的复购率就会提高很多。数字化帮助护肤品品牌了解用户的兴趣，并有针对性地推出具体的复购流程。

第二，注重私域流量的运营及积累。对于小微企业而言，私域流量更多地是指社群内的经济。疫情期间，从前"线下渠道为王"的经营思路受到了严峻挑战，而拥有私域流量的品牌和做好私域流量准备的企业才会收获更多增长和转型机会。私域流量正成为在线教育、知识付费、自媒体的关键载体。自媒体行业通过将"粉丝"好友化提供在线培训服务，完成商业变现。私域流量变现的效率是"粉丝"变现效率的10倍，在线教育品牌的头部企业已经全部实现私域化运营。目前，市场推广成本越来越高，获取新用户的成本要远比实现老用户复购所付出的成本多。因此，绝大部分企业都开始把用户"囤积"到自己的私域池子里面来做持续转化和增长。对于新零售企业及电商企业，社群电商正在成为业务发展的一个大方向！因为在社群里做营销活动实现转化，相对而言没有太多推广成本，而社群内蕴含的购买潜力十分巨大，善于挖掘群内经济，便能精准高效地实现获利。

第三，抓住直播风口。2020年年初的新冠肺炎疫情对传统行业影响很大，而直播电商凭借线上平台的优势，仍然在蓬勃发展中。数据显示，2019年中国直播电商市场规模达到4 338亿元，同比增长226%。直播带货形式的效率较高，已成为商家争相拥抱的模式；各平台也纷纷入局加码直播电商，希望分一杯羹，因而直播电商火热发展的同时竞争也十分激烈。众多资本入局直播，这对创业者而言其实是一件好事，意味着可以从直播这个"大水池"中分得属于自己的一小杯羹。

在"概念篇"中，笔者花费大量笔墨试图向大家阐释数字化的相关基本知识，如数字化营销的概念、数字化营销的基础、数字化营销的特征；当然，也提到了零成本进行数字化营销的方法——私域+直播；此外，笔者还插入了与社群、直播相关的概念解释，希望能起到抛砖引玉的作用。

在"引流篇"中，笔者向大家介绍如何打造个人IP，如何善用朋友圈营销，精准"吸粉"有哪些途径等，让大家通过引流开启数字化营销之门。

在"社群篇"中，笔者根据自己的经历、经验向大家介绍微信社群运营过程中的实用工具，告诉大家一些社群运营的技巧。

在"直播篇"中，笔者由浅入深地向大家解释直播的本质，从直播行业的现状入手，手把手教大家怎样根据自己的需要选择合适的直播平台，怎样从直播新手变成老手，怎样打造完整而高效的直播运营团队。

在"成交篇"中，笔者告诉大家成交是做社群和直播的"临门一脚"，是"收口袋"的过程，是让付出者得到收益的过程，是让运营者获得满足感的过程。想赚钱并不是一件难以启齿的事，只要付出自己的劳动，赚钱便是一件值得被人尊重的事。成交是目的，也是结果，它敦促着付出者开动大脑，将自己的付出转化成实际的成功，也提醒着运营者搭建良好的运营关系，做到和消费者共赢。在"成交篇"中，笔者会教授顺利成交的方法，让大家能够有尊严地赚钱，过上自己想要的生活。

由概念入手，落实到社群运营及直播准备两个步骤，最后归于成交，这是笔者的逻辑与方法论。希望读者朋友们能根据书中提供的方法走上自己的创业及营销之路。

祝阅读愉快，也祝读者朋友们能有所收获！

目 录

第1章 概念篇 ··· **001**

    1.1 数字化营销的基础认知 ··································· 002

    1.2 数字化营销的三大基础 ··································· 007

    1.3 数字化营销的两大特征 ··································· 012

    1.4 数字化营销的三大亮点 ··································· 015

    1.5 数字化营销的两种途径 ··································· 019

    1.6 零成本数字化营销：私域+直播 ······················· 020

第2章 引流篇 ··· **033**

    2.1 打造高势能个人IP ··· 034

    2.2 "吸粉"备战篇 ·· 055

    2.3 简单引流人人会 ·· 057

    2.4 精准"吸粉"的五大途径 ···································· 059

第3章 社群篇 ··· **077**

    3.1 与社群相关的几个观点 ··································· 078

3.2 用好微信，用好工具 ⋯⋯⋯⋯⋯⋯⋯⋯⋯⋯⋯⋯⋯⋯⋯ 091
3.3 建群策划准备 ⋯⋯⋯⋯⋯⋯⋯⋯⋯⋯⋯⋯⋯⋯⋯⋯⋯ 097
3.4 社群运营 ⋯⋯⋯⋯⋯⋯⋯⋯⋯⋯⋯⋯⋯⋯⋯⋯⋯⋯⋯ 102
3.5 群聊流量变现 ⋯⋯⋯⋯⋯⋯⋯⋯⋯⋯⋯⋯⋯⋯⋯⋯⋯ 137

第4章 直播篇 ⋯⋯⋯⋯⋯⋯⋯⋯⋯⋯⋯⋯⋯⋯⋯⋯⋯ 153

4.1 直播相关知识点 ⋯⋯⋯⋯⋯⋯⋯⋯⋯⋯⋯⋯⋯⋯⋯⋯ 154
4.2 直播平台的选择 ⋯⋯⋯⋯⋯⋯⋯⋯⋯⋯⋯⋯⋯⋯⋯⋯ 171
4.3 直播基本装备配置 ⋯⋯⋯⋯⋯⋯⋯⋯⋯⋯⋯⋯⋯⋯⋯ 181
4.4 主播团队打造 ⋯⋯⋯⋯⋯⋯⋯⋯⋯⋯⋯⋯⋯⋯⋯⋯⋯ 186
4.5 直播整体策划准备 ⋯⋯⋯⋯⋯⋯⋯⋯⋯⋯⋯⋯⋯⋯⋯ 192
4.6 直播转化要点 ⋯⋯⋯⋯⋯⋯⋯⋯⋯⋯⋯⋯⋯⋯⋯⋯⋯ 197
4.7 私域+直播实战案例 ⋯⋯⋯⋯⋯⋯⋯⋯⋯⋯⋯⋯⋯⋯ 208

第5章 成交篇 ⋯⋯⋯⋯⋯⋯⋯⋯⋯⋯⋯⋯⋯⋯⋯⋯⋯ 213

5.1 恰到好处的营销 ⋯⋯⋯⋯⋯⋯⋯⋯⋯⋯⋯⋯⋯⋯⋯⋯ 214
5.2 变化的消费趋势 ⋯⋯⋯⋯⋯⋯⋯⋯⋯⋯⋯⋯⋯⋯⋯⋯ 219
5.3 成交转化关键五要素 ⋯⋯⋯⋯⋯⋯⋯⋯⋯⋯⋯⋯⋯⋯ 226
5.4 成交方式 ⋯⋯⋯⋯⋯⋯⋯⋯⋯⋯⋯⋯⋯⋯⋯⋯⋯⋯⋯ 231
5.5 招商 ⋯⋯⋯⋯⋯⋯⋯⋯⋯⋯⋯⋯⋯⋯⋯⋯⋯⋯⋯⋯⋯ 234
5.6 增单提价升业绩 ⋯⋯⋯⋯⋯⋯⋯⋯⋯⋯⋯⋯⋯⋯⋯⋯ 237

第1章 概念篇

本篇重点：

数字化营销

私域流量

私域+直播

1.1 数字化营销的基础认知

1.1.1 数字化营销的概念

在当今竞争日益激烈的社会,"酒香也怕巷子深"。好的产品如果不加以宣传,也会被埋没。越来越多的商家开始重视营销,而且为了营销效果更好,纷纷采用新的营销方式——数字化营销。

数字化营销是现代营销的一种手段,是借助互联网、计算机通信技术和数字交互式媒体,有效调动企业资源开展市场活动,以实现营销目标的营销方式。

企业的数字化特征主要体现在两个方面,一为企业和用户之间有在线互动的界面,二为数字化数据存储。

传统行业的销售主要依靠销售人员"出去干活","打到猎物回来",但如果企业将营销线上化,具有了与用户在线沟通的界面,那么就像有了耕地,到点播种,接受阳光雨露,到时间收割就可以了。即使销售人员休假,用户仍可以通过App、网站、小程序或微信公众号浏览和订购产品。而企业每天在运营过程中产生的收入、支出、成本、费用等记录,不断存储,逐渐形成企业经营所需的大数据。实现了数字化营销的企业,其投入的营销成本相较于传统企业更少,而收益更多,这也就是现在越来越多的企业注重数字化营销的原因。

1.1.2 数字化转型的方法

互联网的出现对传统营销造成了巨大冲击。过去的营销理念是

"以产品为中心",只要产品做得好,加上广泛投放广告,用户就会自动买单。随着市场经济的深化,市场逐渐淘汰"以产品为中心"的理念而转向"以用户为中心",这就意味着谁能抓住用户的需求,谁就能在竞争中制胜。然而,随着互联网飞速发展,仅仅"以用户为中心"已远远不够,还需要打造"以用户为中心的场景",为用户建立一条"快速通道"。在信息爆炸式增长的时代,留给企业向用户展示自己的时间越来越少,人们的注意力都被喜欢的事物所吸引,这就要求企业转变思维进行数字化营销,积累用户数据,搭建企业私域流量池,利用技术手段实现精准营销,打造以用户为中心的场景,与用户建立更直接、更有温度的连接,从而降低营销成本,提升营销效果。

企业数字化转型参照的模型可以浓缩为"一个中心,两个基本点"。一个中心就是以用户为中心;两个基本点,一是数字化资产,二是数字化组织能力。

以用户为中心可以衍生出许多问题,在解决这些问题时,可以从内容即营销、从用户到社群、从产品到"爆品"这三个方向寻求突破。

1. 内容即营销

如今,如果只能或只做一件事情去营销产品,那就是做好新媒体,因为用户的大部分时间都花在新媒体上。馒头商学院的数据显示,2019年短视频月活跃用户数量已经突破5亿人次,人均日使用时长超过60分钟,占移动互联网人均日使用时长的12.3%,而深耕短视频领域的两大巨头——抖音和快手都收获了不少流量。根据2021年的数据,抖音的日活跃用户数量突破6亿人次,人均日使用时长超过120分钟;而快手的日活跃用户数量达到2.64亿人次,人均日使用时长达到89.9分钟。用户在哪里,数字化营销就应该出现在哪里。同时,现在消费者的反营销能力越来越强，当想要通过一些大型的市场活动打广告时，你会发现大部分消费者没有参与意愿，原因在于消费者的时间、精力有限，而且怕麻烦。只有特别优质的内容，才能黏住消费者。因此现在所有To C（To Customer即面向用户）的生意本质上都是在内容赛道上竞争。

例如，护肤品品牌自然堂于2020年9月在市场上投放了一个广告，面向的消费者群体为18~25岁的年轻人，描绘了一系列高中毕业生在大学中完成蜕变的场景。广告不用"洗脑"般的语言告诉消费者产品很好，而是用一个个消费者熟悉的生活片段潜移默化地影响消费者，让其产生一种需要该产品的感觉，这便是典型的内容营销。自然堂用这样的广告告诉它的潜在用户：用自然堂可以变得更美，而这些生活化的场景反映了年轻人对未来的美好期望及改变自身的渴望。

不同平台适合投放的内容、采用的策略不一样。用户群体不一样，对内容的喜好就会有差异。抖音更适合"种草"、做品牌，它是年轻群体热爱潮酷的一个平台。抖音的用户喜欢点赞，当你要做"爆款"，要引爆流行文化时，就应该多做抖音视频运营。快手是基于"老铁"文化，它是泛娱乐、接地气和真实的记录，是普惠型的视频文化，用户在快手上更喜欢评论，所以快手特别适合做用户转化。传统营销思路是做好媒介渠道，而现在的营销思路是做好内容。

过去是营销人员去找媒体，现在是如果内容做得好，媒体会主动来找产品的营销人员，因为好的内容是可以被其他媒体转发和讨论的。

例如，新冠肺炎疫情期间，海底捞的公众号推送了一条视频。视频里，海底捞创始人张勇出镜做了一碗西红柿鸡蛋面，视频的标题是"张大哥和你一起做碗面"。就是这么一个简单的视频，让人看到了海底捞老板的平易近人，传递了温暖的价值观。视频发布后的十几分钟之内，观看人次突破了10万。

还有一个十分典型的案例。新冠肺炎疫情期间，老乡鸡的董事长束从轩将一封员工请求疫情期间不领薪水的联名信撕掉，并说员工"糊涂，这种躺着挣钱的日子不多了"。束从轩的言行让外界看到了一个企业家的担当和勇气，为企业树立了良好的形象。

这两家企业都通过良好的内容生产，为企业带来了口碑收益，为之后的复工复产打下坚实基础。

2. 从用户到社群

社群是某类亚文化人群的集合，具有小众化和圈层化的特征。在自媒体兴起时，有共同需求、兴趣、爱好和亚文化特征的人聚集起来形成社群，它是容纳用户的最好容器。有人说这是最好的时代，的确如此，在这个时代，绝对的"大众化"消失了，小众社群崛起了。人们无处安放的寂寞在这个时代可以被很好地化解，在社群中，人们可以找到各自的归属感。

从商业角度来看，社群能够让消费者形成真实的闭环互动关系，拥有重新夺取信息和分配利益的能力。社群让互动和交易成本大幅度降低，从而令优质内容的溢价得以实现，且消费者的支付成本也得以下降。社群能够内生出独特的共享内容，从而彻底改变内容生产者与消费者之间的单向关系。社群是互联网时代营销的推动力，让产品能经由社群内群友的发酵产生更大的影响。因此，当你手里握有用户时，要想方设法将用户拉入社群，然后将用户升级成"粉丝"。

构建社群需要得到三个维度的支持：要想社群做大，需要稳定的经济系统的支持；要想社群走稳，需要良好的组织结构的支持；要想社群走远，需要统一的价值观的支持。

在一个经济系统里，最重要的就是钱怎么赚、怎么分，大家需要出多少力、能获得多少收益。华为CEO任正非曾表示，华为公司发展到今天，他自己没做什么实质性的贡献，如果一定要说有什么贡献的话，就是他让华为在分钱的问题上没有犯错误。好的利益分配是团队持续发展的动力。

好的组织结构完善用户成长体系，让用户能在群内各司其职。说到底，用户和员工没有什么两样，只有让用户找对自己的位置，他才能干实事，才能发光发热。

在社群里，统一的价值观会驱动一群人一起完成目标。社群并不是简单的雇佣关系，想让社群走得远，必须有统一的价值观驱使。调查显示，有统一价值观的组织绩效要比没有统一价值观的组织绩效高6倍以上。例如，在装修圈，有个致力于为设计师推荐建材商并把设计师向用户推广的平台，它以城市为划分条件，建立了33个城市群，每个城市设有建筑师群和建材商群，通过运营进行需求沟通和对接，在群内的每个人都有着相同的目标——用设计为自己创造更美好的生活。尽管这个装修平台的运营规模在成熟的大公司眼中不值得一提，但是这样一个拥有统一价值观的群体，一定能携手走得更长远。

3. 从产品到"爆品"

产品不是想"爆"就能"爆"的，任何一款"爆品"都需要一个良性的发展周期，实现自然、稳定的增长。与传统业务一样，数字化运营也要先积累忠诚度，再积累知名度。对于一个品牌而言，忠诚度意味着你的产品走进了用户心里，而知名度意味着能让更多的用户听见、看见你的产品。所以，做"爆品"首先要保持克制。一开始不要只打广告，而要先将最核心的那部分"种子"用户经营好，专注于忠诚度，把产品打磨好；然后再去做推广，通过口碑传播，不断提升品牌知名度；等用户积累到了足够的数量级，再去做营销。例如，经营线下饭馆，往往先有招牌菜，然后才有其他菜品，而且在宣传的过程中都是用招牌菜去吸引顾客。

产品是为消费者提供的有价值的物品，做产品就要达到消费者的预期，而做"爆品"要超出消费者的预期。

马克思主义政治经济学的核心就是一句话——生产力决定生产关系。数字化转型就是通过改变传统的生产力，从而改变生产关系。数字化转型让用户与生产者更近，降低用户和企业的交易成本，最终实现整个社会的交易成本降低。数字化转型的关键在"转型"，包括业务、组织、思想、工具等转型，它需要连接用户端的需求和企业内部的生产经营，核心是快速让产品和服务触达用户，快速响应市场需求，做好优化调整。

合理地从线上转型三个突破口入手，小微企业可以有效节省时间和精力，对未来发展十分有益。

1.2　数字化营销的三大基础

2019年，Gartner公司在首席营销官（Chief Marketing Officer，CMO）营销支出调查中，统计了北美和英国各行业的600多位营销管理者，最终发现公司投入营销板块的资金预算持续攀升，且丝毫没有放缓的迹象，但其中对传统营销媒体板块的投入逐渐少于数字化营销板块。尽管2020年因为新冠肺炎疫情，企业减少了在广告上的总投入，但长久以来，为了将品牌和产品推出去，企业都会拿出大量的广告营销预算"砸向"市场。一开始，为了保证足够的曝光量，企业投入传统营销的广告费用居高不下，但并不能保证广告的实际转化效果，这对扛着企业业绩增长重任的营销团队来说是极为不利的。对采用传统营销方法的营销团队而言，每一次大规模的市场投放，都是一场"豪赌"。随着数字化营销方式出现，人们很少再听到广告行业流行的语录——"我有一半的广告费浪费了，但是我不知道是哪一半"，因为在数字化营销的支持下，几乎所有广告投放带来的收益都能实现量化。企业要想实现现代化营销，必须注意数字化营销的三大基础——人工智能、大数据、云计算，正是这三大基础使得数字化营销可以将合适的广告投送给特定的用户。

1.2.1　人工智能

人工智能（Artificial Intelligence）是计算机科学的一个分支，是致力于研究、开发用于模拟、延伸和扩展人的智能的理论、方法、技术及应用系统的技术科学。现今，人工智能常被用于市场营销，是数字化营销的一大基石。利用人工智能，不但可以提高营销效率，还可以使营销实现交互。

在如今信息纷繁的时代，人工智能营销能够以最快的速度在预算等各方面有限的情况下，选择最有效的传播途径，且能够快速地验收成果并迭代内容。以广告投放为例，过去，人们在爱奇艺看视频，贴片广告很固定，线上几十万人看到的都是同样的广告，这其中就有很多流量被浪费。而现在的移动广告，能实现"千人千面"——向不同的受众群体投放不同的广告。例如，一岁宝宝的妈妈上午在百度搜索过给宝宝断奶的注意事项，午休时打开爱奇艺看剧，就看到了婴幼儿奶粉的广告；或者有用户最近在某影楼的网站下了婚纱照订单，打开腾讯视频就收到了蜜月旅行的促销信息。同样是推送广告，对消费者生活有用的更可能被接受。人工智能的出现不仅大大缩短了营销链路，还能利用智能化的技术快速地验收效果和迭代，然后以最快的速度"引爆"一些诉求。人工智能根据大数据算法，从人的诉求出发，跟人进行互动，在交互的过程中，逐渐激发人更多的需求。

将人工智能用于营销，极大减少了企业不必要的支出、减轻了营销人员的工作负担。现在，人工智能可以完成用户细分、通知推送、点击跟踪、重新定位和内容创建等工作，营销人员可以利用人工智能对用户的行为进行分析，以完善用户服务。不仅如此，人工智能还能结合多个数据源，实时管理所有与用户进行互动的渠道，从而提高用户的忠诚度，留住用户。

1.2.2 大数据

大数据营销是基于多平台的大量数据，依托大数据技术，应用于互联网广告行业的营销方式。大数据营销的核心在于让网络广告在合适的时间，通过合适的载体以合适的方式投放给合适的人。实现这一系列的"合适"，才可能帮助企业实现精准化营销。大数据营销的价值主要体现在两个方面，一是数字品牌，二是效果营销。企业会把数据当成营销运营的核心部分，从而打造符合品牌、产品特质的数据体系和数据应用。

大数据营销让社交网络营销等渠道更具价值。通过技术抓取用户大数据让社交平台价值倍增。大数据营销不仅起到连接社交平台、精准抓取用户的作用，还通过数据整理提炼大众意见，指导产品设计与开发，完成社交平台营销中的最基础环节。举例来说，在某明星准备营销自己的某种"人设"（人物设定）时，可以通过"粉丝"在互联网上留下的点赞、评论、转发等数据来梳理"粉丝"的喜好，从而判断该种"人设"的营销是否符合大部分"粉丝"的预期。这一点同样适用于小微企业或者初创团队：小范围投放初代产品，完成简单的数据抓取，将所抓取到的数据进行简单分析、处理，再根据初代产品的反馈结果设计符合用户需求的新产品。

2010年8月16日，"一穷二白"的雷军带领小米初创团队的14人在论坛中发帖，请网友试用第一代软件，然后根据网友的意见进行软件优化。早期，小米抓住用户眼球的亮点便在于他们总是能根据用户反馈意见及时修改软件、满足用户需求，这是对用户需求进行数据化处理后得到的成果。大数据让企业更懂消费者，让营销更具价值。

大数据营销让广告程序化购买更具合理性。大数据营销未来有向程序化购买方向发展的趋势。随着程序化广告发展热潮带来的效率提升，企业将会把越来越多的预算放到程序化购买里。大数据营销不仅仅数据数量多，更重要的是从数据背后感知受众需求，这体现在感知大数据的规模和计算速度，并不断挖掘及预测上。面对互联网媒体资源在数量以及种类上的快速增长和多样化，不同广告主的需求也日益多样化，并越发意识到投放效果、操作智能的重要性。大数据营销通过受众分析，帮助企业找出目标受众，对广告投放的内容、时间、形式等进行预判与调配，并完成广告投放。

2020年百度对直播业务下重注，对创作者给予多项补贴扶持，其中，"聚能计划"拿出百亿人次浏览量和5亿元补贴，发掘和打造优质的直播创作者；"百川计划"拿出500亿人次浏览量，助力创作者快速成长；"未来计划"则拿出1 000亿人次浏览量，试图打造"爆款"并扶持短视频创作者。谈及百度直播与其他直播的区别，百度集团执行副总裁沈抖解释道："百度直播聚焦信息和知识领域。百度具有搜索能力，用户通过搜索表达了自己的需要，百度直播可以根据用户需求组织相应的直播。"大数据与信息流的特性，能让百度更清楚地知道用户想看什么类型的直播内容。正因为明白大数据具有颠覆直播行业的能力，并且具有收集、处理数据的能力，百度才能借助大数据加入直播行业。

大数据具有帮助公司快速攻占某个领域的作用，合理运用大数据，可事半功倍。

1.2.3 云计算

云计算指的是通过网络"云"将巨大的数据计算处理程序分解成无数个小程序，然后通过多部服务器组成的系统处理和分析这些小程序，最终得到结果并返馈给用户。从2006年云计算的概念被提出到今天，已经过了十几年，云计算取得了飞速的发展。云计算行业得到了青睐，诸多巨头纷纷斥巨资入场。2010年，全球云计算市场规模仅683亿美元，而到2020年已达到2 253亿美元。

将云计算运用在营销中，被称为营销云，营销云是一站式的数据营销平台，具备数据管理、营销自动化的功能：一是只需登入浏览器就可以获取相关服务；二是营销运营、站内外资源整合、数据管理等都可以在营销云内完成，它具备自动化的功能。营销云能管理用户资料、分析用户、管理活动与互动、处理在线广告、管理营销资源、管理内容和资产、优化测量、优化用户体验、整合用户体验。

营销云是近年新兴的营销工具，其特点是便捷、按需收费以及标准化服务。一般而言，营销云包含广告投放、效果实时统计、投放数据沉淀及分析，可为用户精准投放广告、获取实时效果以及沉淀消费者数据，用户可借助营销云建立新型营销体系。

一般的营销云会对接各类广告资源，如PC端的网页、App端的微博、抖音等应用供广告主选择，广告主可以根据自身品牌需求选择合适的媒体以及广告形式进行广告投放。在投放过程中，广告主还可以选择特定用户，力求触达目标人群。广告投放后，合格的营销云都会提供实时效果数据，如曝光率、点击率、激活率等实时用户行为数据，广告主可以根据投放效果对自身的投放计划、投放人群、素材内容进行调整，最大限度避免预算浪费。广告投放过后，除了实时的广告效果，投放数据的积累和分析同样重要。营销云能为广告主沉淀每次广告投放的曝光率、点击率、激活率，并提供相关消费的用户画像，帮助广告主更好地了解消费者的情况。

但由于技术处于新兴阶段，现今营销云的价格浮动很大，少则几十万元，多则几百万元，小微企业不太能承受。小微企业在"上云"前一定要仔细考虑并做好市场调研，确保以最优惠的价格拿到最实际的服务。

1.3　数字化营销的两大特征

1.3.1　一切业务数据化，一切数据业务化

数字化营销能最大限度地利用先进的计算机网络技术，以最有

效、最省钱的方式谋求新市场的开拓和潜在消费者的挖掘。数字化的一大特征便是"一切业务数据化，一切数据业务化"。这句话是马云在2017年中国IT领袖峰会上提出的。前半句"一切业务数据化"指将业务相关表单和信息流转以数据方式存储；后半句"一切数据业务化"指将数据转变为具有建议性的信息，帮助自己和用户实现商业目的。

简单的数据化存储并没有上升到数据化的阶段，信息只有通过内在的指标化，使业务数据可利用、可分析、可改进，进入运营环节，才能称为业务数据化；而常见的把用户数据打包卖给他人的操作，还称不上数据业务化，因为数据并未转变为面向用户实现商业目的的内容，只可以定义为数据倒卖。

一个音乐平台根据用户之前的听歌记录，通过算法判断用户的喜好，推送歌单给用户，或者一个电商平台根据用户的历史购买记录，给用户推荐商品，才是数据业务化的开始。

2019年3月9日，由阿里钉钉携手蚂蚁金服主办的全国酒店业数字化转型峰会在杭州召开，开元集团、美豪集团、锦江维也纳等近百家知名酒店集团的代表齐聚阿里巴巴西溪园区，共同分享交流在推动酒店数字化转型过程中的经验与思考。会上阿里钉钉的副总裁白惠源在致辞中表示，未来企业组织的管理运营必然要求一切业务数据化，一切数据业务化，业务产生数据，数据赋能业务，钉钉会帮助酒店管理者分析酒店管理数据，并且将酒店信息定向推送给合适的消费者。钉钉的这一举措展现了一个"互联网大厂"对数字化十足的敏感度，体现了阿里巴巴注重数字化营销的理念。这给所有的小微企业创业者提了个醒，即要注重数字化，在公司运营过程中要实现"一切业务数据化，一切数据业务化"。

1.3.2 依托于数字孪生

工业界有一种"工业领域1%的革命"的说法，即全球工业的生产效率提升1%，成本将降低300亿美元。数字化营销依托于数字孪生，数字孪生能凭借其给工业、交通、城市、环保等各个领域带来显著的效率提升的经验，为数字化营销降低成本。

数字孪生能使生产更便捷、创新速度更快、生产周期更短。数字孪生通过设计工具、仿真工具、物联网等各种手段，将物理设备的各种属性映射到虚拟空间中，形成可拆解、可复制、可修改、可删除的数字镜像，帮助加深操作人员对物理实体的了解。例如，在现实中操作人员很难对一个燃烧着的锅炉复杂的内部情况进行了解，但数字孪生就可以使操作人员对其内部结构、实时情况进行了解。这样就能实现很多由于物理条件限制而无法完成的操作。将此运用在数字化营销中，表现为操作人员利用数字孪生的工具对用户数据进行收集、整理、归纳、总结及反馈。

数字孪生具有极强的测量、分析和预测能力。它通过对数据的实时采集，借助经验模型的预测和分析，通过机器学习计算出一些原本无法测量的指标，从而极大地提升对流程的理解力、控制力和预测力。数字孪生能够将经验完全转变为实实在在的、可以直接观察到的数据，这对数字化营销十分有益。用传统的营销手段，营销人员只能凭借自己的经验把控市场动向，通过简单的抽样调查等方法了解消费者需求，而数字孪生则能收集、整理、归纳产品历史销售数量、消费者评价等数据，并根据这些数据预测未来的市场动向及消费者需求。

依托于数字孪生是数字化营销区别于传统营销的一大特征，它基于数字孪生丰富的历史和实时数据及先进的算法模型，实现对对象状态和行为高保真度的数字化表征、模拟试验和预测，能帮助营销人员将营销数据可视化。

1.4 数字化营销的三大亮点

1.4.1 精准和个性化

数字化营销的第一大亮点在于精准和个性化。随着信息越来越多，每天消费者看得越多，记住的反而越少。从"注意、兴趣、欲望、行动"的用户转化路径来看，营销就是要让信息密度变高，从而达成共鸣；在"营销=路径+信息"的观点下，路径的智能化选择与信息的精准匹配、创意、创作等有着十分密切的关系。数字化营销要做到"千人千面"。Focus Send的调研结果显示，超过90%的企业都认为大数据下的营销自动化是大势所趋。根据搜集的用户点击链接、浏览记录、购买历史等行为数据，自动化营销便能够对用户进行360度的人群认知，让人群画像更为丰富和立体，从而分析、了解不同细分人群的用户需求，在此基础上进行商品的个性化推荐，提高消费转化率。利用营销自动化还能够找出看似不相关的商品之间千丝万缕的联系，通过关联营销激发潜在用户购买欲望，例如亚马逊就通过关联商品推荐使得销售额增长了30%。

以将数字化营销运用于健身房为例，健身房的组织结构简单且容易掌控，是利用数据分析来优化整体用户体验的理想选择。较之大多数传统企业，健身房无疑保存并积累了更多的第一手数据。在成为会员之前，用户需要按照健身房要求提供很多个人信息。用户的锻炼情况、课程报名、购买记录等信息也会被储存起来。这就为分析师提供了足够多的数据来分析用户行为。分析师会创建一个综合分类明细表进行数据分析，显示会员信息、销售购买点、额外课程、训练费用等信息，分析出哪些服务是利润增长点，以及每一项会带来多少利润。这些数据为改善健身房服务提供了重要依据。健身房可以根据数据提供吸引用户的课程，也可以通过向有流失风险的用户提供定制营销活动和服务，以减少用户流失。

类似"向特定用户提供特定服务"的行为不仅能够吸引用户，充分利用服务推销活动，还能让用户感到自己受到关注。这种简单但真诚的姿态能够极大地缩短管理层与用户之间的距离，与用户建立积极的关系。这些举措都是健身房经理通过数据分析对健身房运营做出的调整，而不是凭借直觉做出的商业抉择。

再比如，捷豹路虎曾经推出一款针对女性消费者的汽车。其营销部门在数据洞察方面发现捷豹路虎存在大量女性用户，而且消费多发生于婚恋场景。于是路虎的营销部门利用今日头条App上大量存在的婚庆、婚纱的消费内容整理数据，完成对新婚人群基本特征的建模，深入了解这类群体的购买诱因、内容偏好并定制精准的投放策略。

这些数字化营销的案例凸显出数字化营销"精准和个性化"的亮点。数字化营销可以通过分析用户在互联网上产生的数据或者原始数据，了解消费者的特征，最终实现个性化广告推送及精准营销。

1.4.2　全面提升用户体验

数字化营销的第二大亮点在于能够通过数字化营销为用户提供更

舒适的体验。

以汽车行业为例，选择贷款的购车人会经历选择产品、申请贷款、等待审核、放款环节，整个过程涉及金融产品、服务及周围资源。一个优秀的汽车经销商往往会考虑如何更好地优化整个流程、如何帮助购车人更好地贷款购车、如何让购车人愿意购买并且使用金融产品。面对这些问题，一般的经销商都是使用Excel进行管理，在购车人购车的过程中反复询问贷款月供和首付等问题，然后再从Excel中寻找相对应的结果。不仅购车人等待的时间长，对经销商而言，整个操作过程也过于烦琐，不利于实施。而且当购车人选定金融产品后，需要用一系列的文件，包括房产证、收入证明、银行流水等来证明自己的还款能力，这些文件稍不小心就会遗漏，使购车人来回奔波于开具证明材料和提交材料上，十分浪费时间。不仅如此，在放款前，还需要人工审核购车人提交的材料内容的真实性，人工对比大量文档、材料、照片及文段，效率极低。

但如果经销商引入数字化营销，用大数据帮助处理这三个问题，就能为经销商提供简单的用户画像，让他们给每月有固定收入且均衡稳定的工薪阶层提供传统的金融产品；给不希望自己的资金套牢在固定资产上的中小企业主提供融资租赁服务；给收入以年为周期或者分红年底到账，而在此期间款项流通少、流动资金较少的工程承包人或者年底分红经理人等提供周期型还款的金融产品。数字化营销用大数据等收集用户资料，自动上传，数字化验证，快速将物理文档电子化识别，对购车人的证明进行快速对比，从而缩短购车人的购车时间。运用数字化营销的三大基础——人工智能、大数据、云计算，可以有效改善购车人的购车体验，让他们节省时间与精力。

再比如，星巴克在阿里巴巴的数字化赋能加持下，数字化能力不断加强，回头客越来越多。2018年星巴克与饿了么共同打造"专星送"业务。为了保证饮品在送达前保持合适的温度，饿了么为星巴克设计了专属冷（热）分离外送箱。外送箱以TPU材料制作。同时饿了么对"专星送"进行了大规模和长时间的测试，以确保为用户提供最佳口感的饮品。"专星送"结合测试小组的使用体验，制定满足消费者消费需求的外卖配送要求，使得星巴克的会员规模和会员体验产生质变，据2019年星巴克三季度财报显示，星巴克中国会员数已达900万人，环比增长10%，显然，会员规模得到如此增长，"专星送"功不可没。而伴随新冠肺炎疫情的暴发，2020年星巴克也迎来了数字业务大爆发的一年，全面打通会员服务和线上业务，会员数量达到了1 350万人。

1.4.3　持续复购，全生命周期

数字化营销的第三大亮点便是培养更多的忠实"粉丝"，使他们持续复购。从供应商的角度看，当前，流量红利和人口红利的时代已经过去，获取新用户的成本日益高涨，如何从用户身上赚到足够多的钱，成为每家企业都关注的事情。

《用户成功：持续复购和利润陡增的基石》的作者刘徽在书中写道："要想让客户持续复购，延长产品的生命周期，就要把产品卖给正确的客户，给予客户足够的关注度。"据统计，90%的断约起因于销售环节。把产品卖给错误的用户是对所有资源的巨大浪费。将产品卖给错误的用户，就像将大量的资源倒进下水道，使企业前期为产品销售而投入的人力、物力、精力都将得不到任何回报。不仅如此，还相当

给公司做了负面宣传。购买了产品的用户会告诉周围有购买意向的消费者产品质量达不到消费预期，因此公司需要付出更多的成本来挽回因此造成的声誉损失，这些损失远远高于该用户带给公司的收入。而当企业对用户关注度不够时，企业和用户的关系就会逐渐疏离，最终分道扬镳。但将数据化引入营销后，数字化营销会将不同的营销方案推送给不同的人，帮助企业在人海之中找到具有某些特征的消费者，促使企业与消费者产生联系。当企业与消费者产生联系后，将这些消费者发展成企业的特定用户，数字化营销也会帮助企业维系这一关系，促使用户持续复购。

1.5　数字化营销的两种途径

1.5.1　造船出海

对于大中型企业而言，它们进行数字化营销的路径为自行创造，即"造船出海"。搭建属于企业的数字化营销渠道需要一定的成本，需要独立的App或者微信小程序等工具。以销售破百亿元的孩子王（母婴童行业零售领军品牌）为例，截至2020年，孩子王已经做到全渠道会员数量破4 300万人，营业收入超过83亿元。全国遍布434家孩子王母婴门店，App安装次数超过3 500万次，微信小程序注册用户数量超过700万人。这些数据的背后是孩子王千万元级别营销费用的投入。2019年12月的数据显示，做一个原生开发、体验好、运行流畅的App至少得投入几百万元，其中还不包含App开发后期的维护及运营费用。孩子王斥巨资打造了属于自己的数字化营销基础——拥有大量的用户数据。在这之后，孩子王根据获得的用户数据为不同用户提供针对性的营销，让用户体验到贴心的服务。

1.5.2　借船出海

对于小微企业而言，进行数字化营销的路径为借力，即"借船出海"。当企业资金无法支持大规模的数据采集时，可以借助相关机构对互联网上的数据进行分析；当企业无法支付高昂的"上云"费用时，可以联合多个小型企业，借助伙伴之力，共同完成"上云"。当开启"私域+直播"模式，但苦于没有属于自己的大规模私域流量时，可以加入一些电商直播平台，例如，2020年智慧商业服务提供商微盟直播携手梦洁、联想、GXG、林清轩、卡宾、上海家化、珀莱雅等近百个零售品牌及上万家门店，开启了首届线上线下互联互通的零售购物节，参与这场私域直播的不乏小微企业。

1.6　零成本数字化营销：私域+直播

看了上述关于数字化营销的概念等内容，作为读者的你可能会想，拥有数字化的三大基础、实现数字化的两大特征对于创业者或者小微企业的创始人而言，实在是太困难了，接下来的这部分内容便是告诉读者朋友实现零成本数字化营销的方法——私域+直播。

现今直播的红利期并没有过去，李佳琦等头部主播的成功激励越来越多的人转行做直播，越来越多的年轻人将电商主播纳入自己的职业选择范围。一个优秀的主播的确能在短时间内达成大额成交目标，也能为商家带来巨大的利润，但是对于大部分商家而言，花费巨额的

"坑位费"请知名主播进行带货是不现实的。新冠肺炎疫情期间，大部分小微企业的现金流撑不起一场直播。公域平台的直播对一些小微企业来说并不友好，而私域直播更加适合，这在小微企业中已经成为一种流行趋势。

1.6.1 私域和直播

1. 私域和私域流量

当前，在整个行业"苦流量久矣"的大背景下，相比依托大的社交平台、搜索引擎及工具产品下的"公域流量"，基于丰富的个体渠道下沉而构建的中长尾流量，似乎是一块待挖掘的价值宝地。私域及私域流量是相对于公域及公域流量而言的，指的是个人或者企业的流量池。私域流量指的是不用付费，可以在任意时间，以任意频次直接触达用户的渠道，如自媒体、用户群、微信号等。

相对于公域流量而言，私域流量更可控，性价比更高，可以给予运营者深入服务用户的可能。私域流量的成交逻辑基于两个前提：一为"达人"带货模式的可靠，指的是像抖音、快手等平台的达人在购物节或者产品推广期间能用数据证明其真的具备较强的流量变现能力；二为个人信誉有效，实际上这是更为"隐蔽的微商"。不同于以往微商的性质，这部分"微商"会以助手和专业人士两种身份切入消费者的人际关系：以助手身份向消费者推荐商品，再以专业人士身份为消费者更好地使用商品提供参考意见，从而建立一种有别于亲缘关系的信任关系，继而依托这种关系促进推广和成交。这两个前提都是不错的卖点，都能帮助商家进行流量变现，且使商家不受大平台的价格胁迫，无论是品牌方、MCN（Multi-Channel Network，一种新的达人经济运作模式，将不同类型和内容生产者联合起来，保障内容的持续输出，最终实现商业的稳定变现）机构还是淘宝卖家、商城柜姐，只要好好挖掘流量，都有决定性的市场议价权。而且私域的打造、维护及私域流量的获取相对公域流量的获取而言更加简单，投入也更少。综上可知，资金少、精力相对不足的创业团队或者个人应投入精力及时间经营好私域。

常见的私域流量载体有个人微信号、公众号、社群和企业专享App。对于小微企业或者初创团队而言，私域流量的载体可能更多的是以微信为中心的个人微信号及社群。个人微信号便于个人IP的打造，以吸引追随者，而社群方便运营者与"粉丝"沟通，两者相结合便可以实现私域流量的打造。

2. 个人IP及社群流量

"私"指个人的、自己的，又指不公开的、秘密的；"域"指领土、范围，如疆域、区域；"流量"指数量，如人流量、水流量、车流量。"私""域""流量"这3个词组合在一起便是——不公开的、处在私密范围内的流量。在以微信为代表的移动互联网时代，我们把基于微信的流量称为私域流量，而这种私域流量的运营方式主要有两种：第一种为以个人IP为主的流量，第二种为社群流量。

1）个人IP流量

个人IP流量可以建立在个人微信号上。个人微信号在添加微信好友时必须得到对方同意，在用户心态上，接受一个人成为好友是独有的和私密的，这种方法更有利于建立双方的信任关系。运营者和用户是"一对一"的好友关系，在关系上是对等的，各自都掌握着社交主动权，双方都有结交权和绝交权。这样的机制对用户是友好的，一旦一方骚扰另一方，则被骚扰方可随时拉黑、删除好友或屏蔽朋友圈。而且个人微信号的朋友圈私密性很好，避免了公开传播中的各种不可控因素。运营者可以通过创作及发送优质的朋友圈内容，影响好友对自己的认知，这样更容易建立良性关系。好友在看朋友圈时亦无压力，因为发送朋友圈者不知道谁在看，看的人也是静悄悄地无压力浏览，有感而发时还可以点赞及评论互动，告知对方自己的感受，互相感谢并激励。作为运营者也可以主动浏览用户的朋友圈，对用户做深度了解，便于形成用户画像，更能够通过经常为用户朋友圈点赞和评论互动，获得用户的注意、喜爱和信任。

当个人IP聚集人群时，便成为私域流量，微信号的信息掌握在个人IP的所有者手中，这些流量便可以为所有者使用。

2）社群流量

在全民使用微信的时代，门槛最低、成本最低且最高效的方式非微信中的几个渠道莫属，而这其中便有社群的身影。社群承担了微信生态中约70%的聚集量，同时为用户提供了互动的场景，成为沉淀用户最关键的一个私域流量池。运营好微信社群，会给企业和个人带来很大的价值。

3. 电商直播

电商直播无疑是2020年最大的几个风口之一，每个企业都想用直播的形式增加产品的销售量和提升企业的知名度。进入5G时代，相较文案和图片传播，视频营销以其更大的传播优势获得了快速发展。与此同时，线上交易方式的成熟，带来了"营、销一体化"的购买转化效果。这种"直播+电商"的模式即电商直播。一些最早洞察电商直播价值的机构及个人主播率先把直播与销售有机结合，形成了电商直播这种新的销售形式。目前，在各大网络平台、各大视频平台及相关MCN机构，借助成功主播的"达人"效应，使得电商直播成为一种很重要的电商模式和直播发展中的主要力量。

电商直播很好地发挥了直播的传播效果，其行业门槛相对较低。但对于企业而言，电商直播不应该只起到销售的作用，企业更应该通过直播进行产品宣传及营销，通过直播与"粉丝"建立联系。电商直播能够帮助企业获得更大收益，并且企业加入电商直播的投入较少，这种销售及营销方式适合大部分企业。

1.6.2 企业私域流量及"企微私域+微商"模式

互联网时代的流量，一直伴随着企业的经营与发展。企业私域流量，是指企业经营的用户人流。其载体可以是线下消费场景，也可以是线上的某项虚拟服务。有了私域流量，企业能够直接接触用户，并向用户销售产品，不需要完全靠平台推荐和广告曝光。

私域流量是企业能够随时触及的流量，是企业可以反复使用且免费的，可以高速精准地触达目标人群。这种流量模式对于小微企业而言十分友好。它资金投入小，几乎零成本；风险小、回报高。私域流量衍生出"企微私域+微商"模式。目前，这一模式尚在发育之中，其运作关键在于将企业的每一位员工变成分销关键节点，将员工、好友关系演变成新型的分销关系。需要提及的是，今天，"微商"已经变成一个中性词，代表着全民营销的大方向，和全民直播一样，正在成为一种业态，并将有关键性的突破。

2020年新冠肺炎疫情暴发时期，一家拥有54家连锁餐饮店的文峰大世界关停大半门店，只剩15家，于是转战线上，同年2月销量反而比1月翻了三倍。在新冠肺炎疫情暴发前，文峰大世界完全没有投身私域运营，新冠肺炎疫情暴发后，才将1万多名员工发展成分销商，员工只需要把公司的海报发布到朋友圈，并且邀请他人观看直播。在直播过程中，观众可以看到文峰大世界的采购人员如何选菜，看到杂工如何切菜备货，看到厨师烹饪菜品的过程。文峰大世界的下单转化率十分高，连直播间的菜品及锅碗瓢盆都被抢购一空。"企微私域+微商"的运作模式帮助文峰大世界度过疫情期间最艰难的时期。

1.6.3　私域流量带来的营销转变

1. 交易关系变交往关系

过去企业仅建立了与用户之间的交易关系，需求往往是用户主动提出的，企业缺少与用户之间的互动手段与关系连接。比如，在早期的淘宝店，买家购买完商品后，整个交易过程就完成了。在此之后，只能称该买家为曾经来店铺购买过商品的老顾客，而商家如果想再次触及用户，只能通过短信或旺旺等工具。但随着消费升级，用户的需求不断变化，由简单的购买商品的需求，变为精神上享受快感的需求。对于企业而言，经营老用户，不能仅停留在消费层面，还应该学会与用户交朋友，注重与用户之间的交互。现今，营销的重点变成——有品牌的增加温度、增加体验、增加个性专属服务；没品牌的增加温度、增强信任、提供收获。大而全的商家可以注重产品迭代及性价比，满足用户的消费需求；小而美的商家可以增加运营，满足用户的普遍需求：情感依托、社交、娱乐。这其中最能培养感情的便是线下活动，兼具娱乐与社交功能，是小而美的商家的不二之选。

2. 精进运营方式

过去的营销是打广告，通过铺天盖地的广告给消费者"洗脑"。例如，六个核桃——"经常用脑，多喝六个核桃"；香飘飘——"一年卖出三亿多杯，连在一起可以绕地球一圈"；农夫山泉——"我们不生产水，我们只是大自然的搬运工"。这些广告语给消费者留下了不可忽视的心理暗示，让消费者产生购买相关产品的欲望时能第一时间想到该品牌，而现今，这种营销方式在私域运营中完全不起作用。

在运营私域时，运营人员要有一套完整的方法论，处理好一系列问题。比如：加用户为好友后，如何和用户聊天；用户问问题需要多久回复，如何回复才更加专业；如何将一部分服务提前提供，让用户先体验部分服务，以构建用户信任；如何在关键时间点和用户互动，以提升复购率；如何构建以互动为目的的标签体系，让互动有数据可依等。

在打造私域内容时，运营人员要撰写能黏住用户的、富有感情的文案。例如，武汉首家蛋糕电商——积慕注重给用户营造一种梦幻般的美好感觉，使得用户与积慕产生情感联系。积慕的创始人杨博提道："积慕关注用户生活的每一面，让用户体验诗一般的美好。许多蛋糕都是我在独处的时候想出来的；例如为了一种悲伤的味道，我们研发了一款悲伤的蛋糕，里面能够尝出一点啤酒的苦味。"从某种意义上来说，积慕的用户是幸福的，遇到了一个懂用户的企业。

积慕的运营人员为了写出打动用户的文案，专门研究了25~35岁女性的情感习惯和生活方式，以更贴近用户生活状态和情感需求的笔触完成每一篇推广软文。积慕的运营人员在软文里不仅描述用户可能经历的鸡飞狗跳的生活，还用蛋糕营造出生活中的美好氛围，把鸡飞狗跳的生活与享受蛋糕时的幸福对比，让用户深深为积慕的蛋糕所吸引。比如，在一篇积慕的推广软文中，积慕并不大声告诉用户"积慕的蛋糕十分好吃，快来购买"，而是先给用户描述一个充斥着各种喧嚣和不顺的生活场景，呈现女性工作及生活中的辛苦，再以一个女性的视角去呈现吃过积慕蛋糕后幸福的状态，整篇推文中都展现出"积慕能给用户营造梦幻般的美好，能为用户带来幸福"的品牌形象，这就是好的营销内容的厉害之处。

在运营私域时，运营人员要花费更多的精力去考虑如何满足用户的需求，如何设计活动，让用户积极参与进来。还以积慕为例，为了提高订单转化率，积慕不定期在公众号内推送活动，如"新春团聚，+1磅；年味立减20元"。这些活动虽然与互联网常见的满减、满赠之类的活动大同小异，但积慕包装出了不同的味道。在做足微信公众号运营功课的同时，积慕也开始尝试线下活动，一般会在上半年和下半年分别做一次大型的文化营销活动。以2018年为例，积慕策划"睡不着蛋糕店"活动，召集睡不着的武汉年轻人夜晚出来参加情绪发泄的集体活动；又如积慕聚集了几位青年人气作家出版图书《甜时》，挖掘甜点背后的故事，让吃蛋糕和看书成为一种有仪式感的生活方式。积慕还策划过很多经典活动，始终以一种和用户"谈恋爱"的姿态保持着与用户间的微妙关系。

3. 促进新型岗位产生

在企业微信私域流量的范畴下，服务型岗位的需求越来越大，作用也越来越大，因此形成了新的岗位——"首席聊天师"。这种岗位产生于企业和用户构建了好友关系后，企业需要专门的人员与用户互动，在聊天互动中构建用户信任，并实现转化和复购。方法看似简单,但聊天不仅是个体间的闲聊,还要在熟悉用户特点、了解用户行为的基础上,将互动行为标签化、线索化,为后续的转化和成交做好准备。一个优秀的"会聊、会撩"的运营人员(聊天师)可以使信任构建加速、销售单价提升。首席聊天师岗位的核心职责是开发话术,构建和用户互动的聊天SOP(Standard Operating Procedure,标准作业程序),并指导其他聊天师与用户进行恰当的互动。未来很多公司会构建聊天中心(Call Center),将产生大量类似首席聊天师、首席服务官等新岗位。随着企业微信版本的更新,对企业的用户资产保护越来越形成闭环,更要求聊天师必须懂产品、懂用户、懂社交。

1.6.4 "私域+直播"模式

1. "私域+直播"的概念

不得不说,近年来电商直播都是一个很大的风口,头部主播4小时直播最多的销售额达上亿元。而微信日流量达10亿人次,人均使用时间达85.8分钟,已经融入我们的生活、工作、沟通、支付之中。且微信的社交功能十分突出,私域流量已被微商应用得淋漓尽致,因此,在这两个基础之上,"私域+直播"模式应运而生。

与公域直播不同的是,此时各大品牌已不需要通过高价的"坑位费"来获取流量。在中心化流量平台上,企业纷纷找到各种"达人"、明星深度合作,带货热潮一浪高过一浪。平台得了流量,主播得了利益,品牌销售了产品,消费者得了便宜,多赢局面似乎"一切都好",然而品牌固有渠道生态里面的销售渠道严重受损。当直播的"惊爆价"打出来后,线下销售门店的地位十分尴尬。品牌直接与中心化流量平台"勾兑"销量,绕开了原有的经销体系,在直播规则下，品牌无法保证传统经销商的利益。但是"私域+直播"这种模式可以解决这一问题，让直播带货与渠道生态的关系由博弈走向融合，实现线上、线下一体化。

2. 私域直播实现线上、线下一体化

私域直播不仅帮助品牌在线上多了一个销售的窗口，更成了提升线下门店业绩的新路径，使得直播带货和渠道生态告别博弈关系，走向融合。这些改变主要体现在三个方面。

1）推广方式

在推广方式上，私域直播实现了线上、线下流量的共同蓄积。在流量蓄积阶段，私域直播也少不了线上流量的引导。参与私域直播的品牌商们在门店也可以同步开启购物节，通过线上为进店顾客发放优惠券为购物节"蓄水"，使线下门店充分参与直播活动，其推动的营收也能被准确定位。除了预热，线下门店还深度融入直播的带货转化活动中。例如，在购物节期间举办"超级带单王"导购业绩大赛，鼓励品牌导购主动进行社交分享（通过公众号、"粉丝"群、朋友圈等）引流和促进转化，按导购每小时的销售业绩，分时段对排名榜首的"云导购"进行现金奖励。由此，零售品牌庞大的线下导购体系被有效纳入线上直播过程，并强化了"粉丝"黏性。而在公域直播中，这种现象是很难见到的。

2）品牌运营

在品牌运营上，私域直播能够提升品牌的影响力，而不只停留在价格上的狂欢。在公域直播中，我们常能看到带货主播口若悬河，用户看了半天就为等一个"惊爆价"，然后摩拳擦掌抢购可能压根儿没备多少货的特价商品。价格的狂欢，只会让公域直播里的品牌处境尴尬。除了与原渠道的冲突，低价格也只是给主播自身的品牌做了嫁衣，赚的"吆喝"可能很快就过去了，毕竟，一个晚上有那么多"主播精选"要走马灯似的上场。而私域直播的特色在于帮助品牌进行精细化运营，不只是价格狂欢，还进行属于品牌的"粉丝"运营。由于去中心化，私域直播带来的流量最终都将逐步沉淀下来，这使得品牌可以掌握直播的绝对主导权，通过商品优惠券、拼团、秒杀等运营手段，配合社群互动，在刺激用户购买的同时加深与"粉丝"的互动。如此一来，企业品牌不再是直播浪潮中的"大韭菜"和彰显主播个人品牌的附庸，而是能在直播中能获得整体形象提升，最终惠及固有的销售渠道。

3）营销形式

在营销形式上，私域直播实现了与线下门店的同频共振。公域直播之所以会形成与线下销售的博弈，一个很重要的原因是它太"粗暴"，品牌在直播浪潮中被裹挟，单纯"砸价"的结果必然是伤及线下利益。私域直播兴起，一个重要的驱动力是它能够在直播带货过程中，更自主、自由地对原来属于平台、门店的营销进行引入或再创新，一方面不再局限于公域直播的老花样，另一方面也体现出与通常销售方式的同频共振，使用户不再有任何区隔感。私域直播带货的玩法就是门店的玩法，只不过形式更直接、更生动，而不是处在另一个独立的营销王国。

1.6.5 私域直播适合所有商家

私域直播适合包括小微企业及初创团队在内的所有商家。私域流量植根于微信，边界有限，天花板很低。私域直播借助私域流量，运用私域思维，将用户圈在私域之中。对于稍微具有知名度的商家而言，私域直播不仅转化率高，还能为线下门店引流。比如，新冠肺炎疫情期间，棉麻女装领军品牌茵曼利用直播为门店引流，使得业绩恢复超过85%，在线下门店开门率不到10%的情况下，实现了门店销售额140%的增长。对小微企业而言，私域直播是企业构建属于自己的私域体系的不错方法。通过直播，小微企业可以以是否观看直播为标准筛选自己的忠实"粉丝"，并且在直播间内收集忠实"粉丝"的意见，在直播过程中适当为忠实"粉丝"提供专属礼包，以提高粉丝留存率。

归纳总结

本章介绍了数字化营销的基础知识，提出企业的数字化转型要注重"一个中心，两个基本点"。一个中心就是以用户为中心；两个基本点，一是数字化资产，二是数字化组织能力。数字化转型的突破口有三个方向：内容即营销、从用户到社群、从产品到"爆品"，合理地从线上转型三个突破口入手，对企业未来发展十分有益。同时企业应尽力使一切业务数据化，一切数据业务化，将数据变为具有建设性的信息，帮助自己和用户实现商业目的。而实现零成本数字化营销的方法就是私域+直播，挖掘私域流量的价值宝地，赶上直播的风口，实现线上、线下一体化运营。

第2章 引流篇

本篇重点：

打造个人IP

擅用朋友圈

精准"吸粉"的途径

2.1 打造高势能个人IP

IP为Intellectual Property的缩写，中文译为知识产权，代表着智力劳动者对其成果的专有权，一般来说，这些专有权为著作权、商标、专利等。而现今的个人IP指的是移动互联网时代构建在人格、思想、观念、信任之上的个人属性，它为带有相同属性的"粉丝"所接受，在产品和服务供大于求的时代，从个人的需求及感官出发，满足用户的精神需求。

个人IP具有很强的商业属性，可形成一种流量变现效率极高的商业模式。其商业模式为在自媒体上通过优质的内容和人格吸引特定的用户，与用户产生精神交集，满足用户需求。其一切营销皆因人格认同和用户裂变产生，降低了传播成本，门槛低、易操作。

个人IP的打造非常依赖用户的认同感，因此打造一个极具个人特色并且极能引发用户共鸣的高势能个人IP对于引流、"吸粉"极为重要。

在实践之前，不妨先了解两个概念：线上思维和用户思维。对这两个概念的了解及理解，可以帮助你更好地掌握下面的实践方法并根据自身情况做出相应改变。

▶ 线上思维

线上思维可以用五个字来形容——小、轻、萌、温、逗，而线下思维则是大、重、响、冷、端。举个例子，如果给团队取名字，线下思维方式一般是战狼、猛虎、雄狮、阳光,而在当今互联网时代,你会发现我们耳熟能详的名字都不是这个味道的,而是例如微信、滴滴、蚂蚁、芝麻、小米。所以,我们要在线上展示"人设",在线上和人交流,在线上获取信任,在线上进行营销,就要习惯线上的风格,首先要习惯的就是语言风格,要围绕小、轻、萌、温、逗,让更多的用户人群感受你的温度和真实,从而对你产生信任和好感。

▶ **用户思维**

用户思维就是换位思考。不只是想着"我要说什么""我要说清楚",还要想"他为何要听,他凭什么留在群里,他想听什么,他想怎样听"。带着用户思维,才能把握用户的需求,找到用户喜好,用用户喜欢的方式来表达内容。

这两个概念需要深入体会。拥有线上思维可以帮助你了解线上与线下的区别,改变传统的线下运营思维方式,用更适合的方式与用户打交道。拥有用户思维可以帮助你改变看问题的方式,将以自我为中心的思考方式,转变成以用户为中心的发散思考的方式。

2.1.1 个人IP的好处

个人IP的核心是自带流量与人格化,也就是说IP是个"人"。不仅如此,很多产品IP也在拟人化,如饮料品牌小茗同学、白酒品牌江小白等。

个人IP是一个人的价值被内容化、标签化、宣传展示后所形成的特定认知或印象。对于其拥有者来说,个人IP是一种能够更容易与周围人产生连接、建立信任、带来溢价、产生增值的无形资产。过去,个人

IP被称为个人品牌，实际上，品牌是工业化时代的产物，是基于产品的；而IP是移动互联网时代的新物种，是基于人或人格化的。故针对个人而言，个人IP比个人品牌的说法更贴切一些。IP在现实中的意义是，代表着某个人/某个产品在某个细分领域做得很专业，很有影响力，是专业人士。人们信任的是这些专业人士，他们依靠时间积累，逐渐"自带流量"。互联网时代的个人IP更加扁平，短视频博主和自媒体人都是一个个IP。人人都是自媒体，人人都有自己的IP，正在成为社会趋势。打造个人IP对于创业者或者小微企业而言至关重要，它的好处有如下几个方面。

1. 低成本的私域流量

个人IP可能是小范围内的"专业人士"，顶尖的个人IP，自身就相当于一家公司。比如：互联网圈，阿里巴巴的马云、腾讯的马化腾、字节跳动的张一鸣；知识付费领域，"每天听见吴晓波"，以"帮助3亿国人养成阅读习惯"为使命的樊登读书会；短视频领域，李子柒火遍全球，年收入1.7亿元……其实，他们都是一个个独立的人，但都有庞大的"粉丝"群，这些直接或间接关注他们的人，都是他们的私域流量。

2. 高度信任

信任是私域流量的人性基础，一切合作都源自信任。而个人IP的用户信任建立，需要IP打造者长年累月地坚持做同一件事，且能保证提供优质的服务。与传统商业全都是冷冰冰的刷屏广告的营销相比较，这种基于人的信任的营销是任何传统营销手段都无法比拟的。IP的价值与魅力便在于用户更愿意相信一个活生生的人。

3. 快速变现

目前，互联网常见的变现手段有五种：广告、产品销售、金融、数据或信息、增值服务，而个人IP依托信任基础，同时降低了沟通成本，在广告和产品销售的变现模式上，有着天然优势。以笔者在哔哩哔哩平台关注的视频博主绵羊料理为例。绵羊料理每次"恰饭"（即四川方言中的"吃饭"，现在多指为生计而做一些迫不得已的事，通常指打广告），"粉丝"都会在公屏上打出"恭喜恰饭"的弹幕。个人IP实现变现的方式不止打广告这一种形式，还有IP衍生化。例如，国产动画《罗小黑战记》的表情包出现在各大社交平台上，同时，主创团队在淘宝开设以罗小黑为周边主题的旗舰店，在旗舰店中"粉丝"可以购买盲盒，卫衣、亚克力吊牌等。此外，很多现象级综艺节目也很好地诠释了IP变现，不仅推动了小众文化的传播，更能将综艺节目的商业价值发挥得淋漓尽致。除与传统综艺相同的艺人培养外，版权方还在各大电商平台售卖节目衍生品牌，让参加节目的艺人实现与受众线上及线下的联合互动。不断拓展IP授权衍生运营，让综艺节目的制作方、版权方、艺人和合作商家赚得盆满钵满。

不管是基于信任的产品销售及打广告，还是不断拓展IP衍生运营，个人IP都能帮助运营方实现迅速变现。

4. 提升个人价值

如果你是一个懂营销的人，打造个人IP除了能让你名利双收，还能让你有机会成为一个有价值的关键意见领袖（Key Opinion Leader，KOL）。2020年新冠肺炎疫情期间，一些知名演员发微博文章鼓励身为医护人员的"粉丝"们，感动了很多人；他们还积极号召"粉丝"捐款、捐物资。试想他们如果是没有什么影响力的普通人，能很轻松地发动众人为抗疫做出更多的贡献吗？

5. 提升自我修养

毫无疑问，一个KOL的公众影响力是非常巨大的，成为一个KOL的过程也是充满各种艰辛的。一边打造个人IP，一边持续输出有价值的内容，是十分考验人的意志力的。在竞争激烈的大环境下，对于一个KOL来说，必须不断提升自己的智慧、格局，以回馈自己的用户和"粉丝"更多有意义的内容。知识类IP，在不断输入又输出的过程中，要不断丰富自己的知识；带货类IP，在产品包装、销售、售后的闭环中，要不断锻炼自己的操盘能力和营销思维。对于职场人，个人IP是简历和名片；对于创业者，个人IP是触及用户的手段，是变现的工具。无论结果如何，打造个人IP的过程，都会磨炼一个人的意志，让人不断提升自己的思想水平，增强智慧。

6. 引流

在人人都是自媒体的时代，IP已经变成了一个符号、一种价值观、一个拥有共同特征的群体、一类自带流量的内容。2012年微信刚推出公众号平台时，将"再小的个体也有自己的品牌"作为Slogan（口号、广告语，对消费者的意义在于其所传递的公司的产品理念），如今，这句Slogan已经成了新媒体时代的宣言。从"故宫淘宝"到"三只松鼠"，从"相声演员"罗永浩到"口红一哥"李佳琦，IP从品牌走向个人，从线下走向线上。定位清晰的个人IP可以帮助运营者明确自身及受众群体定位，从而吸引特定人群。

2.1.2　第一印象——"一键之间"

消费者注意力正在被稀释，无数更加刺激消费者神经的内容正在争夺消费者所剩不多的注意力，这导致消费者对产品信息的感触不断减弱。许多人已经懒到一眼看不见重点便取消关注的地步。即便不谈吸引消费者注意这一点，单从生活的角度来看，大部分人也是"颜控"——看到一个人较好的外貌，才有深入了解心灵美的意愿。

人类的第一印象由脑干主导，在远古时代，人类的祖先为了自保而使用脑干更快速地判断情况，这是人脑中最原始的一部分，保留人类自进化以来最简单的判断能力。所有人都知道不要以貌取人，但基本上每个人都会违背这个教导。那么第一印象形成的时间是多长呢？包括哈佛大学在内的各大权威机构都曾研究人在多长时间内形成第一印象，得出的统一结论为：时间极其短！

所以打造第一印象在引流过程中十分重要，它决定了消费者是否会信任并跟随你。在掌握了技巧的情况下，你完全可以自行打造一个成功的第一印象。

1. 你喜欢朋友圈中的自己吗

在思考这个问题之前，不妨以一个普通人的视角回顾自己交友过程中的细节。有人加你好友，你的第一动作是什么？你会浏览新加好友的朋友圈吗？你会因为看不到所有朋友圈内容而对对方也设置浏览权限吗？你会因为朋友发的动态大多为推销文案而设置"不看他"吗？答案肯定是"会"。大家都怕麻烦；大家都希望在有限的时间内快速获取自己想要的信息；大家都害怕得不到平等的对待；大家都喜欢对自己有用的东西。

从普通人的角度思考这些问题后，回到"你喜欢朋友圈中的自己吗"这个问题上，你就可以很好地从普通用户的角度、带着同理心思考，也可以很清楚地知道如何打造自己的朋友圈才能吸引用户的注意力，给用户留下良好的第一印象，为接下来的"粉丝"留存打下基石了。

2. 有人需要产品，是否能第一时间搜索到你

同样，在思考这个问题之前，不妨再以一个普通人的身份回顾自己交友过程中的细节。你会在加好友的第一时间浏览对方的昵称、签名和背景板吗？你会因为新好友具有某些对以后生活有益的特点而不删除他吗？遇事你会在朋友圈中搜索相关专业人士吗？相信你对这些问题的答案肯定是"会"。

如果想要被用户长时间记住，就得让他们在有相关需求时第一时间找到你，自此之后用户才可能记住你。所以在"一键打造"个人IP时要注意微信昵称等细节的设置，最好在全名后面加上自己的职业，并且进行"高、大、上"的转化。推己及人地思考，当你遇到两个人都想向你推荐保健品，一个人的职业为推销员，另一个人的职业为营养学顾问，你会倾向于相信谁呢？答案不言而喻，肯定是后者，因为后者给人一种专业的感觉，让人更倾向于相信他的推荐。

3. IP打造三要素

思考完上述两个问题，就了解了个人IP打造的重点。但如果微信带有营销功能，则需要思考以下几个深层次的问题，以找到你相较于他人的不同之处。

1）我是做什么的

这是一个定位问题。

《定位》一书中写道："为了在容量有限的消费者心智中占据品类，品牌最好的差异化就是成为第一，做品类领导者或开创者，其次是分化品类，做到细分品类中的唯一（细分品类的第一）或成为品类第一的对立者。"在微博等传播平台上，你会发现每个名人都会清晰标注自己的职业以及擅长的领域。演员会直接备注"演员"并标注自己的代表作；歌手会备注自己歌手的身份并标注代表歌曲。他们都有清晰的定位，这样有利于公众快速识别他们。在打造自己的营销IP之前，不妨思考一下你的定位。你是打算做情感专业人士，帮助用户分析情感生活，排解生活难题，还是打算做知识分享官，帮助用户解决问题？定位越清晰，越容易获得用户的青睐。

2）我的价值是什么

从"我"的角度来看，这是能力问题；从用户的角度来看，这是需求问题。

木桶效应，通俗来说就是短板效应，即一个人的综合能力不取决于最强的那一方面，而取决于最弱的那一方面。在互联网时代，人但凡有一技之长，都应该表现出来，给别人创造价值。我们应发挥长板效应，用擅长的能力为他人创造价值。

以用户思维来思考"我的价值"，就要想着我能为用户创造什么，我的能力可以为用户带来什么，我能否满足用户的需求。这些思考是至关重要的。在做梳理时要问问自己，他为什么要听，他想听什么，他想怎么听。带着用户思维，把握用户的需求，找到用户的喜好，用用户喜欢的、可接受的方式表达你的内容，这是你对于用户的价值体现。

3）我与别人有什么不同

这是个人优势及特点问题。

在市场里，总是充斥着各种各样的竞争对手。和竞争对手相比，我有足够的优势吗？有清晰的个人特点，足够让用户注意并跟随吗？这些问题十分关键，要判断自己的优势和特点，做好自我定位，然后选择适合的细分市场。如果只是随大流地创业，或随随便便经营一个个人自媒体账号，很快就会迷失自我或者得不到发展机会。

2.1.3 微信朋友圈管理与运营

在过去几年里，个人微信号依托熟人社交，在个人IP养成方面形成了天然优势。个人微信号不仅能宣传推广，还能承载私域流量，是打造个人IP的不错选择。在普通人眼中，微信朋友圈是用来记录岁月的"日记簿"；在摄影师眼中，微信朋友圈是用来展示精美图片的画廊；在善于打造个人IP的人眼中，微信朋友圈是凸显个人价值的最佳场所。但朋友圈管理及运营需要具有一定的技巧，才能让人喜欢、让人乐意浏览、让人自愿消费、让人乐意追随。想要利用微信朋友圈进行营销的人，都应该在管理和运营微信朋友圈上付出持久的努力。

1. 微信朋友圈优化五步法

微信朋友圈是你留给用户的第一印象。如果第一印象不好，你就没有机会和他成为好友。在销售圈有一句话——"七秒影响七年"，用户对一个业务人员形成第一印象只需要七秒，但这个第一印象可能影响他对业务人员的看法长达七年之久。但今天在线上产生第一印象可能只需要三秒：第一眼看你的微信朋友圈昵称、头像、签名、背景板，第二眼扫一下你的微信朋友圈内容，基本就能判定你的职业和素质。如果感觉不好，对方就不会通过你的好友申请，或者即使通过了也会在权限设置里选择"不看他"，甚至还会选择"不让他看"，那就意味着关闭了你们之间的重要信息通道。

我们没法把微信朋友圈的过往记录推倒重来，但可以重新装修。可通过以下五步优化方式，让你的微信朋友圈焕然一新。

1）头像显身份

朋友圈头像要让人一眼看清楚，让别人感受到你的真诚、热情和职业素养，所以最好是半身以上的尺寸，首先让对方一眼看清你的模样和眼神，然后以较为优雅适宜的姿势传递你的自信和开放，最后通过较为商务的着装显示你的职业和专业。

2）昵称递名片

昵称首先代表你的辨识度，好的昵称容易让对方记住你，万一某天对方想联系你的时候能一下就找到你，所以昵称应该包含三个方面的信息：行业、公司或者领域；职位、头衔，名称。例如，"红酒品鉴师红红""健康顾问张华""美食达人米妈"，简单地向对方展示自己的职业及头衔，并且昵称第一部分为职业，可以加深好友对你职业的印象。

3）签名传价值

签名可以很好地传递你的价值观，可以是你的人生格言或者处事风范，也可以是你公司的经营理念。总之，签名设置的目的便是让对方感受你的内在思想和个性风格。此处不宜太过标新立异，要能令更多人接受和欣赏，除非你经营的是非主流或小众的产品。

4）背景板表专业

微信朋友圈的背景板就相当于实体门店的门头，占据微信界面三分之一的面积，应该精心设计和策划，而不是使用一张简单而没有任何深意的风景照片。我们的微信朋友圈更大的作用是展示"人设"、获取信任、输出价值，所以最应该打造和突出的是我们的专业度。微信朋友圈的背景板一定要围绕展示专业度来设计，一般来说可以通过应景的图片加文字来呈现。图片是你的专业场景和专业形象，文字是点睛之笔，包括服务年限、荣誉奖励、帮助的用户数量和创造的价值、专业头衔等，一切能够体现你专业度的内容都可以在此处集中呈现。

5）定期做清理

微信朋友圈的内容要定期做清理。我们发布内容的时候不一定定位准确，也不一定都为"人设"加分，定期回看浏览就能一目了然：哪些是加分的，哪些是减分的。加分的自然留着，减分的当然应该删除，否则就会影响后续"吸粉"引流，也会影响好友对你的印象，尤其是一些产品硬广告或者过多的商品介绍、商业活动宣传。新的好友一般更感兴趣的是你的真实生活和思想，而过多的商业内容则会降低你的"人设"温度，也会让人感受到被推销的压力。所以定期清理能够让你的朋友圈一直保持吸引力，也能为你的"人设"定位持续加分。

2. 微信朋友圈管理

1）"时间"要打开

这里所说的打开的"时间"指的是微信朋友圈展示的时限，是三天、一个月、半年，抑或全部可见呢？答案显而易见，应该全部可见。如果只开放三天或者一个月，而同时你发微信朋友圈的次数较少，从用户角度考虑，他很难从少量信息中判断你是否可靠，同时容易产生一种不被信任的感觉。连信任都不能建立，还谈什么"引流""吸粉""固粉"呢？坦诚相见才更容易产生信任，所以不要害怕将自己的朋友圈"暴露"给用户。

2)"标签"要分类

要给每个微信好友设置合适的标签,越细致越好。这里的标签相当于标记用户,将用户特征尽心分类,目的在于方便后期为用户提供针对性服务。以知识付费相关用户为例,可将用户分为A、B、C三大类,A类为重点跟进用户,各方面潜力都不错,学习观念强,也有改变的意愿;B类为一般用户,各方面有好有坏,但拥有改变的意愿;C类为普通用户,各方面条件一般,且改变意愿时有时无,这类用户不需要花费大量精力跟进,但是也不可以直接删除,需要保留基本的礼貌。用A、B、C分类可以在通讯录中快速分辨谁为重点跟进用户,谁为一般用户,谁为普通用户。A类用户根据微信通讯录排列规则会置于最上方,这是用行动诠释"用户至上"。

3)"备注"要详尽

这里所说的就是字面意思——给每位微信好友设置详细的备注。及时备注能有效避免因为用户改昵称而不认识的情况。在给用户备注时要最直接地反映用户特点,让你任何时候看到他都能产生深刻印象,及时回忆起用户特征。这些备注如同标签一样需要细分,以便后期及时回顾。

4)时时加"描述"

面对用户,你要比用户更加懂得他自己,这就需要你有一颗敏锐且有毅力的心。刚成为微信好友,你便可以从朋友圈入手,观察用户发朋友圈的频率以及内容重点。朋友圈不对外开放的用户,大多相对内向,有自己的小圈子,不喜欢被他人打扰;发微信朋友圈频率高且内容大多为生活纪实内容的用户,大概率比较乐观开朗,喜欢分享。面对这种开朗乐观的用户,你可以从他的微信朋友圈内容知道他关注的人有谁，他的生日是哪一天，以及他与朋友的关系如何。一定要养成熟悉用户的习惯，这样在以后的聊天中，有意无意地根据用户性格以及生活细节调整话术，有利于让用户产生好感。同时，也可以在特殊纪念日为用户制造惊喜，让他感变到你的特殊关怀。

文字描述必不可少，图片描述更加直接。微信支持图片描述，图片备注在手机号下方。你可以使用微商水印机等App制作用户画像，画像包含从用户的微信朋友圈中下载的最佳图片、生日、适合的产品等。

用户描述不只是第一次联系用户时需要做的工作，还需要你时时跟进。只要挖掘到一点对你有用的用户信息，便需要写进描述。这个工作极其需要耐心及恒心，需要持续积累。等到时机成熟时，你会便比你的用户更加懂得他自己的需求。

3. 微信朋友圈发送四大原则

1）定位+支撑

微信朋友圈就像一篇展示我们个人形象的文章。一篇好的文章首先应该有好的立意或者中心思想，也就是人物形象的核心定位。在写这篇文章之前，要先想清楚你希望传递给好友什么样的标签。如果没有清晰的定位，只是记录流水账，想发什么内容就发什么内容，这样内容就没有连贯性，也没有指向性。有了明确的定位，接下来做的才是选材，即挑选发送什么样的内容来支撑这个定位。

微信朋友圈内容基本分为两大类，一个是工作，一个是生活。对于工作定位，笔者的建议是——定位成"某领域专业人士或顾问"，或者定位成"某领域达人"。如果你是卖汽车的，那就把自己定位成购车专业人士；如果你是卖化妆品的，就定位成皮肤护理专业人士或美容顾问。

拿笔者微信朋友圈中刚入圈做营销的小伙伴来说，他们中有许多人将自己的基本定位设置成了"推销员"，这对他们开展后续工作是十分不利的。推销员和专业人士给人的感觉肯定是不一样的：专业人士更容易让人接受，也更容易与人建立信任，因为专业人士给人的感觉是"你可以从我这儿获取知识或建议"，而推销员给人的感觉是"我要卖产品给你"。

定位成专业人士，你发送的内容就需要包括这个领域的相关知识。而定位成推销员，你发送的内容就只是你的产品。当然，并不是说专业人士就不介绍产品，只是专业人士会更多地帮助用户了解这个领域的知识，同时给用户建议，最后才推荐产品。就像医生先展示自己的专业形象，然后再开处方让病人去做检查和买药。

微信朋友圈除了工作还有生活，而生活的内容更能吸引好友关注。生活内容虽然与你的销售工作无关，但这是打造你个人人设的重要途径。一个真实的、有温度的、爱生活的人才是人人愿意关注和交往的对象。所以生活也需要定位和做标签，这样一则可以增加你的辨识度，让好友很快记住你，二则可以增强好友对你的兴趣，毕竟人人都希望结交有专长的生活达人。"美食达人""运动达人""阅读达人""亲子达人"等更容易吸引好友关注。有了明确的定位，平时发布的微信朋友圈内容就应该支撑你这个定位，隔三岔五地就要让人看到你作为达人的丰富而有特色的生活。

如此定位清晰的朋友圈人设，才能吸引更多人关注和喜爱。

2）互动要用心

俗话说，真挚的关心要好过虚伪的骚扰，你要学会真正地与用户成为"知己"。及时回复、从用户角度思考问题和为用户解决问题都属于真心互动的范畴。及时回复在于激发互动，产生沟通。只有沟通才能完成倾听、认识、了解、认可、喜欢、信任、交易这一完整的营销链条。从用户角度思考问题能及时了解用户需求，为帮他解决问题提供服务。想要收获就必须先付出，只有让用户满意了，这样的互动才算得上是真正用心和有益的。

3）转发要加工

微信朋友圈最大的优点是可以无上限地免费发布信息，不少人滥用此功能，滥发朋友圈，其中最严重的就是无节制地转发订阅号上的图文信息。那种懒惰、省事的一键转发行为，对自己是不负责任的。因为用户每打开一次这些转发内容，就会产生一次注意力的跳转，跳转后再次阅读转发内容时，丰富的链接内容更容易造成第二次、第三次注意力跳转，等回到朋友圈时，注意力早就溃散，这时人们很少关注、点赞、评论微信朋友圈内容。由此可见，未经加工的转发就是分散用户的注意力，严重违背了通过微信朋友圈聚焦注意力的原则。

微信朋友圈运维的目的是打造专业人士或达人"人设"，很多时候你除了发布自己的原创内容以及真实生活素材之外，还需要转发一些相关的咨询内容或知识。而很多伙伴转发内容就是为了简单分享，只是给别人做了推广和宣传，而一般的朋友圈转发链接现在的打开率是极低的。如果能稍做加工，就能起到不一样的效果。请记住，其实我们的微信朋友圈也是我们的自媒体，我们自己就是这个自媒体的主编，将好的内容编辑加工变成自己的内容发布，才能够帮助打造丰满的"人设"。假如你的定位是健康专业顾问，你就可以寻找几个比较专业的公众号、头条号或微博博主，将其中好的内容加上自己的理解，编辑成简单的文案，然后配上精致的图片发送，就能让人感觉你在发布优质的内容，这自然为你的"人设"加分不少。

4）工作生活五五开

如果你观察微信好友的朋友圈，直观感受会是绝大多数人的朋友圈毫无生气。原因在于他们的朋友圈过于单调，产品销售人员只生硬地发产品介绍；将朋友圈当成广告阵地，只是凭直觉转发，没有任何想法，没有一点规划，完全没有目标，根本不知道拿微信朋友圈可以用来做什么。

微信朋友圈并不是个人的吐槽场所，而是凸显个人价值的地方，是打造个人IP的绝佳地点，是激活用户互动并通过互动增强与用户关系的最好领地。这个私人领地需要你用心经营，需要你设身处地地为用户着想，让他人不觉得无聊和烦躁。在输出微信朋友圈内容前，我们必须知道微信朋友圈好友最希望看到哪些内容。据调查，70%的人更喜欢看个人的生活记录，也就是说大多数人都想知道身边的亲朋好友和微信朋友圈里的人过的是怎样的生活，他们几点上班，去过哪些地方旅游等。

在这里，你发布的内容最好将生活与工作糅合，达到两者内容五五开。关于生活的日常帖的主要作用在于展现个人生活状态，让你看起来更加真实可靠。打造的诀窍在于用情打动人，让大家觉得你和他们一样，是个热爱生活的人。在日常帖中应尽可能多地展示与家庭成员在一起的生活场景，展示吃饭、休闲、与朋友会面等内容，向大家传达讯息——你是一个有血有肉、真实的人。关于工作的帖子十分便于植入产品信息，但是请一定注意植入方法，以免引起用户反感。最好的做法是只在图片中展示产品，而不用一个字解释，这样足以给用户带去强烈的正面心理暗示，感兴趣的用户便会私聊咨询产品。

5）适当展示小缺点

所谓"金无足赤，人无完人"，人人都有缺点，若是在微信朋友圈中一味展示正面的、积极向上的个人形象，可能会让人觉得不真实，适当展示个人的小缺点有助于拉近与微信好友之间的距离。这里所说的"小缺点"，是指无伤大雅的缺点、糗事，让人觉得你可爱和平易近人。

4. 微信朋友圈"人设"定位：专业人士或达人

打造"人设"原本是娱乐圈发明的一种快速"吸粉"的营销操作。例如"锦鲤"和"国民老公"等。明星或"达人"靠着"人设"集中放大自己的优点，树立一个大家喜欢的形象，从而更容易被人记住，更容易"吸粉"和"圈粉"。

我们在确定朋友圈定位时，要思考一个问题——怎样让用户主动接近你。众所周知，大家都希望结交有正能量、有势能的人，都喜欢结交比自己更有学问、更专业、更懂生活的人，因为优秀的人往往能提供更多的价值。微信朋友圈的"人设"也理应按照大家的期望去打造。笔者建议将自己定位为专业人士或者达人。专业人士意味着懂得更多的专业知识，能为大家提供帮助；达人意味着更有趣，在某一方面有自己独到的见解。例如做食品相关的营销，可以给自己打造一个养生专业人士、保健专业人士或者美食达人的"人设"；做健身相关的营销，可以打造一个健身达人或者健康专业人士的"人设"；做旅行相关的营销，可以打造一个旅行达人的"人设"等。

微信朋友圈的"人设"打造是一个长久的过程，需要持续积累势能。在积累的过程中，需要持续输出相关领域的内容，以专业的内容为定位做支撑。这些内容包括行业常识、行业资讯、行业痛点、行业热点以及专业知识，可以来自平时积累，也可以是从网上获取的资讯。当然，偶尔出现小错误也无伤大雅，毕竟完美的人是不存在的。

5. 微信朋友圈发送小技巧

1）文案要短小

微信为了减少微商广告对朋友圈的影响，设置了一个机制——大段复制文字将会被折叠。我们发朋友圈的目的不外乎两个，一是与用户互动，二是再次转播。具有良好流通性的广告才是好广告。用户都看不到文案，这样的内容如何传播呢？而且，大家的时间都很宝贵，没人愿意逐条点进你的文案仔细阅读、思考。所以朋友圈文案要追求简短，每行最多八个字，最多六行内容，并巧用"/"隔开，增强阅读体验。在这简短的文案中，要做到表意明确，表示出对用户的尊重。为方便理解，在这里举几个例子，如"数字化转型势在必得/75%的中小企业/不想转、不会转、不敢转""19位CEO/聊聊私域/见识直播/干货不少/还有抽奖""疫情深度影响培训行业未来/中美企业培训发展的同与不同"。

2）多发短视频

短视频比文案更能抓住用户眼球，抖音与快手等短视频平台的成功便很好地印证了这一点。抖音以短短十几秒的视频抓住用户注意力，在十几秒的时间内给用户带来满足感，也传播了重要信息。因此，在运营朋友圈时，要尽量以短视频的形式呈现内容。在拍摄短视频时尽量选择完美呈现产品特点的角度，选择合适的滤镜，使用拍照软件适当修图；在剪辑短视频时可以使用一些便捷的视频剪辑App，让你的短视频看起更加精致、有吸引力。

3）标签做区分

每加一个新好友，都要在沟通中了解新好友的基本情况，如兴趣、地址、职业等，贴上相应的标签，定期回访好友，查看朋友圈，适时更新标签。有了这些标签，就可以在发朋友圈时，有针对性地提醒或"@"对方，或者适当屏蔽朋友圈，避免好友产生腻烦心理。不加思考地频繁发广告很容易被删除或屏蔽，要想广告触达用户内心，就必须做好相关的准备工作。

4）评论加说明

评论区加说明为的是控制文案字数，同时为产品添加更加详细的内容。不只产品说明，其他拉近用户距离的说明也可以在评论中添加。例如："现在在做代购，有需要的朋友可以私聊我。如果我的广告打扰到你，请在下面回复'2'，下次将不会推送广告给你，同时真诚地向你说声抱歉！"这样一条说明体现了发朋友圈的人具有过人的同理心，能让好友感受到尊重。评论区是对外展示文案的第二聚集地，在评论区中添加这样一条说明，给予别人最大尊重的同时，也是在给自己打广告，增加别人对你的好感度。

6. 发圈小工具

1）微商水印相机

一款智能图片处理App，轻松修图。拼图模板众多，位置、天气、水印选择多样，不用开通会员便可以使用带滤镜美颜的视频拍摄功能。

2）稳定视频

一款朋友圈视频制作"神器"，制作、转发一条龙服务。应用无广告、无水印，不强迫开通会员，模板众多，"傻瓜"式操作。

3）剪映

一款字节跳动公司旗下视频制作软件，音乐、效果等众多，可以瞬间抓住用户注意力。

案例分享

这里给大家提一个问题：假设你在做与健身相关的营销，请问你应该如何打造自己的朋友圈？请大家不要急着往下翻看答案，先结合上面分享的内容思考一到两分钟，然后在纸上或者手机备忘录里留下你的所思所想，养成独立思考的习惯，并及时查漏补缺，了解自己理解不到位的地方。

答案如下：当你做健身相关营销时，你的朋友圈应该这样管理和打造。

按照朋友圈优化五步法来看，你的头像要让人一目了然，感受到你的真诚和专业素养；你的昵称需具有辨识度，例如"李娜@健身塑形"；你的签名要直接传达你的职业功能，例如"擅长居家健身指导，设计营养餐方案"；你的背景板需要表现你的专业性，例如背景板图片为一个正在擦汗的健身美女，脸上洋溢着幸福的笑容，眼神中透露着对美好生活的向往，同时突显文字——"想拥有好身材，找我就够了"。

按照朋友圈管理要点来看，对于用户，你要开放所有的朋友圈。用户好友要注明身材，如"中等肥胖"。如果用户存在减肥意愿并且在聊天中很配合你，那么可以为他再设一个"A"类标签，同时要给他做好备注，如"张杰—希望减脂＆塑形"。每次聊完天后也要备注用户信息，如："工作日下午6~7点可以健身，休息日全天可以健身，自律能力差，需要提醒，有心脏病，建议中度训练量，能够接受营养餐价格。"这样一通操作下来，你便可能与用户建立信任关系，同时做到了比用户自己更加懂得他的身体。

发送朋友圈时要按照"朋友圈发送四大原则"编辑内容，做到工作与生活内容五五开。发布生活内容时可以展示自己在家运动塑形的照片和视频，也可以展示自己做的营养餐；用工作内容为自己打广告时要注意隐蔽，可以按照如下示范发送。例如："为什么疫情期间，你吃胖了别人却没有？一个好的饮食方案让你在家照样瘦！这是我成为健身教练的方法，有需要的送给你"，配图为各种营养餐的精美图片。朋友圈发送完毕后，需要时刻关注，有人回复你时，要及时互动。

朋友圈的作用在于展示个人形象。在确定健身教练的职业后，可以适当为自己打造一个健身达人的"人设"，在朋友圈中分享一些关于健身的常见误区，如"臀桥训练的错误示范""俄罗斯转体动作误区""平板支撑越练腰越差的动作示范"，同时也可以在朋友圈中分享一些减脂常识，如"膳食纤维并不是摄入越多越好""饮食减肥提倡四少：少油、少糖、少盐、少脂肪"，建议有一定搜集资料能力的人在这些专业知识后标注来源，最好是期刊、文章或权威书籍。有了相关领域的权威背书，你朋友圈中所分享的专业知识会给人以可靠的感觉，进一步立住你的达人"人设"。

可以不定期更新一些自己在家做营养餐、在健身房健身的小视频。发送不同的减肥套餐时可以按照上述设定的用户分类标签进行合理推广。

没有固定的微信朋友圈打造方法，内容选择应以你的定位为标准。如果你的"人设"是精致职场女性，那么你的朋友圈就不太适合出现大量消极的生活记录；如果你的"人设"是某领域专业人士，那么你的朋友圈就不能出现该关于领域的知识性错误。当然，时不时展示一下自己无伤大雅的小缺点，容易引起他人共鸣，也显得你更加真实、可爱和接地气。张岱在《陶庵梦忆》中写道："人无癖不可与交，以其无深情也。人无疵不可与交，以其无真气也。"即一个人如果没有什么小癖好就不要和他交朋友，因为他没有深情厚谊；一个人如果太过完美而没有瑕疵，也不要与他交往，因为他没有真情实意。因此适当在朋友圈感慨吐露一些带有真情实感的心声，能拉近与好友的距离。结合自己的心情，最后配上接地气的表情包，会让看你朋友圈内容的好友觉得你是一个没有距离感、实实在在的人。

2.2 "吸粉"备战篇

所谓"吸粉"指的是吸引潜在消费者，即可能购买产品与服务的人。从营销学角度来说，"粉"包括购买者、使用者、抉择者、影响者这四类。这四类潜在消费者具有不同属性，我们应采用的"吸粉"策略也有所不同。"吸粉"是一个长期的过程，需要做运营和营销的你做足准备工作。

2.2.1 用户画像找"鱼塘"

互联网上流行的"鱼塘"一词常用于营销领域，指的是能够对接大量精准用户的地方。在找"鱼塘"之前，运营者一定要确定用户画像，做好用户调研，不然得不偿失。例如，奢侈品品牌便不适合在大街上免费赠送小礼品，这样吸引而来的只会是贪小便宜的人，很难触达真正的潜在用户。

用户画像是根据已有数据描绘出一个抽象的自然人的属性，这里的自然人不是指具体的人，而是具有某些属性并且属于你的目标用户的一类人。用户画像是建立在用户调研的基础上的，不是通过头脑风暴或猜想得出来的。建立用户画像之前，我们需要跟真实的用户聊天，了解他们的需求是什么样的。做上述工作的原因是我们很多误解的产生是由于没有进行用户调研，或者用户调研的数量比较少。当我们真的做了用户调研之后，例如访谈了30~80个人后，你会发现你访谈的用户的动机和行为模式的相似程度会越来越高。通过少量但典型的人群调研，便可以了解一个很大的群体，这便是所谓的"从一滴水中看到整个世界"。在做创新之初你要有很好的数据支撑，了解用户真正的需求，并根据他们的需求进行产品迭代更新。

在运营过程中，要对用户进行细分和定位，包括基础属性：年龄、性别、生日等；社会关系：婚姻状况、有无子女等；行为特征：用户在使用产品的过程中可能产生的行为。

例如，对于母婴产业而言，主要消费用户集中在20~40岁，性别为女性，对孩子成长相关问题十分关注。根据这些特征，便可以联想到互联网上宝妈的聚集地——宝妈贴吧。这类的"鱼塘"包括QQ群、微博、贴吧、百度知道、闲鱼、淘宝直播、虎扑、抖音、快手等。笔者建议读者朋友们先从潜在目标用户所在的且自己熟悉的"鱼塘"开始操作。由于熟悉，你便知道这个"鱼塘"的基本规则，上手会更快。在运营时，不要浅尝辄止，毕竟运营是一项需要长期投入、见效比较缓慢的工作。

在"鱼塘"内粗暴投放广告是没有人理会的,你需要满足"鱼塘"内人群的需求,他们才可能关注你并成为你的用户。假设你的工作是销售儿童绘本,那么你可以从宝妈贴吧引流,例如分享"绘本选择手册""儿童书单""孩子喜欢的绘本"之类的经验,宝妈们被你的专业能力吸引,便自然而然会加你为好友。这种转化较为缓慢,需要有耐心。

2.2.2 活跃度加人找好群

善用微信及QQ的群聊搜索功能。工作与健身相关的人,可以输入"健身打卡"之类的关键词;工作与母婴相关的人,可以输入"宝妈"之类的关键词;工作与食品相关的人,可以输入"××食品"之类的关键词。通过这种方式找到的群聊是与工作重合度最高的"鱼塘",这里的用户都带有你所搜索的关键词所描述的特征。在这些群聊中,你可以主动添加活跃度高的用户。在QQ群可通过聊天等级,在微信群可通过群友发消息的频率来判断用户活跃度。找到群聊中活跃的用户后,你便完成了第一步操作,接下来就是如何将这些用户转移到微信当中。由于微信收口越来越小、添加好友的难度越来越大,所以需要借助一些主动添加好友的工具,读者朋友们可以上网搜索具体的软件。

2.3 简单引流人人会

普通的运营人员进行引流总会受到两个条件的约束,一是没那么多钱,二是没有团队支持,需要一个人单打独斗。为了降低运营成本，减轻运营人员的负担，笔者总结了以下引流方法，希望能对读者朋友们有所帮助。

2.3.1 手机通讯录在线化

大家都有自己的私人圈子，在引流的初始阶段不妨先利用自己的通讯录，将手机中留有电话号码的人都添加为微信好友，然后再利用身边的人脉圈子，让好友和家人帮助扩散你的微信号。一个普通的成年人，亲朋好友数量多的有上百人，倘若百人亲朋中有一半的人帮助扩散，那么这个人的微信号将被大约5 000人看见。这对一个刚开始运营微信号的人而言，是巨大的流量，同时，由于此次推广借助熟人，让人信任的可能性会更大。

2.3.2 不放过"附近的人"

微信、QQ等工具都有"附近的人"这个功能，熟练运用这个功能也能吸引一波"粉丝"。假设你从事美容行业，你的目标用户与美容院及彩妆体验店的目标用户高度重合，那么你可以选择一个用户流动速度快的时间段，在美容院或者彩妆店旁边使用"附近的人"这个功能添加陌生人为好友。这时候，你所添加的好友基本上为美容院或彩妆店的用户。

2.3.3 "吸粉"定调两句话

"吸粉"讲究"敲门一句话，开门一句话"。敲门一句话，指的是对用户表示尊重；开门一句话，指的是让用户信任。"敲门"表示一种询问，询问对方是否允许，是否需要。敲门的这句话必须体现对对方的尊重，要使用礼貌用语，如"你好""请问"。"开门"表示对方同意，即对方同意你进入他的私人领域。在这句话里，你可以尽量体现你的专业度，让对方信服。

2.3.4 分销"吸粉"

所谓分销"吸粉"，即通过尽可能多的分散终端占领市场，销售产品，进而实现"吸粉"的目的。相对于其他"吸粉"途径而言，分销"吸粉"更容易实现低成本快速触达用户。

例如，某机构拥有多年的医疗仪器及供应链运营经验，与400家公立医院有过合作经历，口碑良好，其互联网项目的主要服务对象是需要护理服务的人群，包括孕妇、儿童、老人等。该机构采用分销"吸粉"的方式实现引流。在"吸粉"过程中，机构依托既往合作的400家医院的资源，向医院护士推荐一款医疗护理网约平台。从每家医院初期选择的是30名护士，共计12 000名。这些护士其实充当了分销员角色。当有人有医疗服务需求时，护士就会推荐他下载该网约平台App，帮助用户在上面完成购买等动作，护士接单后也可在业余时间外出提供服务。每完成一单，护士可获得相应提成。此外，对于已经完成下单的用户，平台也以邀请奖励的方式促使其推荐新用户注册和使用。从这个例子我们可以看出，因为是由护士推荐，所以医疗用户信任程度高；用户直接下单，方便满足就诊需求；护士可利用空余时间提供服务，充分利用了护士的劳动力。这样一举多得的分销方式使得"吸粉"的过程变得十分顺利。

2.4 精准"吸粉"的五大途径

精准"吸粉"的背后是病毒般地快速传播。这种传播拥有病毒特征——简单、容易复制、裂变传播速度快，是最低成本的流量入口，能够快速触达具有相同特征的人群。这种"吸粉"意味着你需要找到你的产品的易感人群，设计一个让他们"感染"的、对他们有价值的信息，从而驱使他们按照你的意志采取行动。

与普通"吸粉"不同，精准"吸粉"注重"粉丝"留存率，注重"粉丝"的经济效益转化。因此，在进行精准"吸粉"的时候需要运营人员多多开动大脑，想出更加合适的"吸粉"方法。笔者分享五个精准"吸粉"的途径，以供读者朋友们参考。

2.4.1 超级"诱饵"，好友裂变拉新

裂变的最终目的是引导新用户关注，常用的方式为：用免费的资源包吸引用户关注个人微信号或微信群；用口令红包、优惠券等奖励吸引用户关注个人微信号或微信群；用免费资源诱使用户在朋友圈子中帮助扩散。用"诱饵"引导是一种简单的推广方式，但即便是简单的方法，想要成功也需要运营人员提前做好大量的准备工作。这种裂变拉新的准备包括三个关键环节，一为设计"诱饵"，二为准备发圈图片，三为设计扩散文案。

1. 设计诱饵

1）找痛点

痛点思维是相对于传统产品思维提出的概念。在传统商业领域，多数企业的做法是先研发产品并推向市场，将产品推送给有需要的用户。而运用痛点思维的企业的做法与传统企业相反，在产品立项后不急于研发，而是确定一类人的痛点需求在哪里，然后想办法找到方案解决。

你需要从两个环节思考能否抓住用户真正的痛点。第一个是用户的需求是否得到满足。在不断挖掘用户痛点的过程中，你可能发现许多痛点需求，但是你需要找到的是让用户最痛的那一点。第二个是性价比是否足够高。在痛点思维下，权衡性价比也是用户的一大特点，大家都缺钱，都想以有限的金钱换取可选择范围内最舒适的服务。

2）找答案

答案来源多种多样，这里提供几种常见的途径。

① 微信搜索

这是最好的搜索方式，因为微信公众号里的内容非常全面。例如，当你做考试方法分享，想要以四、六级真题资源为"诱饵"拉新时，以"四、六级真题"为关键词在微信中搜索，会发现大量的真题整理资源。同时，使用微信搜索功能，你可以借机关注几个相关行业里"粉丝"体量较大的公众号，分析这些公众号成功的原因。

② 淘宝购买

这是所谓的花钱解决麻烦的方式。有些你想要分享的资源在微信公众号内搜索不到而你又不掌握其他的搜索手段，便可以去淘宝搜索购买。

③ 百度文库搜索

百度文库是一个供用户分享在线文档的平台，内容涵盖教学资料、考试题库、专业资料等多个领域。但百度文库的内容质量参差不齐，最好查阅浏览量大的文章。

④ 今日头条

今日头条整体内容量大，但文章质量大多一般，应选取高阅读量及高评论量的文章为答案内容。

⑤ 自行编辑

若你在你的职业范围内积累了许多专业知识，不妨自行整理有用的答案，这样的答案极具个人风格，更为大众喜欢。

3）整理成文

将上述资源或者资料整合在一起。文章整理成文档，上传至可共享的云空间，提取文档链接。资源整理成资源包并压缩，压缩包上传至网络云盘，同时以链接形式分享。

4）起一个亮眼的标题

对于"诱饵"而言，标题很重要。标题一定要让人产生点击的欲望。例如做母婴产品销售，想要分享孩子成长过程中补充什么会对发育更好，那么"诱饵"标题可以设为"别等孩子长大才发现，孩子原本可以变得更好"。

2. 准备发朋友圈的图片

发在朋友圈里的图片包括两类，一类为介绍活动和产品的图片（以海报为主），一类为个人或群聊二维码。在这种裂变拉新模式下，活动及产品的图片设计至关重要。配色、元素、排版、文案都需要反复打磨。图片颜色要鲜艳，重点要突出。背景色最好为冷色系，重点部分的文字颜色最好为暖色系，冷暖结合，吸引眼球。人们在朋友圈看到这种图片就会被吸引，这是有足够吸引力的"诱饵"。大部分图片设计都追求视觉刺激且利用人性的弱点诱惑用户。

3. 设计扩散文案

文案设计包括四部分。

1）挖需求

以"你有没有……的烦恼、痛苦"的形式挖掘用户痛点和需求，问句形式能给用户以潜意识暗示。

2）树价值

以成功案例或名人推荐引导用户树立积极的价值观，也是一种心理上的暗示。

3）发福利

这里的福利一般为免费赠送资源，但是需要用户转发到朋友圈并私信你为条件。

4）放图片

图片为活动海报和个人微信号或微信群二维码，意在用图片的形式简单直接说明活动特色，并为用户提供一个参加活动的方式。

朋友圈扩散文案示例（见图2-1）：你知道红包的几种玩法吗？我算是开眼界了，998元的社群营销课，今天学了红包玩法36计，看我秒变社群"万人迷"。圈里好友见者有份啊，《红包玩法36计》电子书免费送，还送《社群游戏幽默500例》，要的转发并私信我啊！

图2-1 朋友圈扩散文案示例

2.4.2 "混"群绝技，高效高质拉新

曾经我们可以通过手机号码导入几百个好友；曾经我们可以通过"附近的人"无限制地添加好友，甚至可以通过模拟虚拟地址添加"附近的人"来增加好友，但现在微信管理起来越规范，现在微信官方大力限制个人号快速增加好友，短时间内主动向他人发出添加好友的请求超过10次，系统便会提醒网络繁忙。

因此，我们必须另想办法增加新的用户。在这种情况下，最好的方法是通过群聊添加好友，群聊可以是微信群，也可以是QQ群。请大家不要忽视QQ群，认为QQ群落伍了。据权威调查显示，"95后"及"00后"的社交方式依旧以QQ为主，这些人当中的41%认为微信是"老人"的通信工具。所以用户群体包括年轻人的你们，不要忽视QQ群。QQ群本身就有大量的附加工具，如群视频、分享屏幕等功能，可以直接演示PPT，这样就可以实现语音加PPT演示的群分享，非常方便。

1. QQ群直接搜索

QQ支持群名称搜索功能，在"添加"中找到"加好友/群"，使用关键词搜索，QQ便会推荐一些群聊，并且群聊名称下方带有人数、男女比例、文件多少、群标签、管理员活跃度等标签信息，这些标签让人一目了然，这是微信所不具备的功能。

2. 寻找高质量用户

进入QQ群后便可以开始第二步——寻找高质量用户，这是一个漫长且考验情商的过程。

1）树立行家形象

进入群聊后，一定要主动打招呼，积极回复群聊中与你所从事职

业相关的问题，树立行家形象。例如，在育儿群中，当有宝妈问道，孩子吃饭不香该怎么办？你可以以自己的专业知识告诉她，孩子吃饭的时候要"断舍离"，家长要斩断一直追着孩子喂饭的念头，要舍得让孩子"吃苦"，只在规定的正餐时间给孩子吃饭，不要担心孩子饿着，与此同时，在孩子吃饭时要求孩子一心一意吃饭，远离电视与玩具。几次积极回复下来，行家形象自然而然树立。

2）"爬楼"翻阅找用户

如果你所加入的群聊是一个活跃群聊，里面有许多人积极发言，那么你可以根据群内人员发言寻找潜在用户。千万不要刚进入群聊，才"爬完楼"便私聊潜在用户，这样会让人厌烦，一定要根据他的发言找到他的聊天重点，然后在群聊中有意无意多聊些与之相关的话题，积极互动，互动几个来回后再考虑是否与该群成员私聊并加好友。在群内互动时要注意时常夸奖对方，让对方乐于与你聊天。

3）直奔群主

当你觉得自己不善于与太多人聊天时，可以只与群主建立良好关系，一般群主比较了解群内成员信息，与群主建立深厚友谊或者合作关系便意味着你与群内所有潜在用户都建立了联系。在与群主聊天时要放低身份，多夸奖对方，毕竟"伸手不打笑脸人"。

4）"加粉"必做三个动作

① 给理由

"给理由"指的是"直接"告诉潜在用户，你为什么要加他为好友。当然这里的"直接"与普通的直接不是一个意思，这个直接是指开门见山但又有所保留。假设你是做蛋白粉销售的，加人理由总不能是我想向你推销蛋白粉吧？一定要委婉一点，可以说，通过群聊了解到你对健身有所了解，我想和你探讨一下健身相关知识，不知道你有没有时间？这样的加好友理由不是比直接的推销更有可能成功吗？

② 给姿态

"给姿态"是在潜在用户成为你的通讯录联系人后，你要主动和他打招呼。在打招呼的过程中一定要注意礼貌。推己及人地想一下，应该没人愿意和不礼貌的人深入聊天吧。当然，在打招呼的过程中也要与对方谈及他在意的话题，这样有利于聊天的持续及聊天话题的延伸。

③ 建档案

在聊天过程中添加对方的特征关键词，同时，也要通过对方的QQ空间及QQ小世界（QQ于2020年年初上线的对标微信视频号的新功能）了解对方的爱好、生活习性等。如果对方空间中晒有全球各地的旅行照片，说明他爱好旅游并且有一定的经济基础；如果对方空间评论人数较多，说明他现实生活中很可能是一个健谈且外向的人；如果对方空间内晒有亲密照片，可以通过这些照片及评论内容判断对方的情感经历。

3. 设法进微信群

"微信之父"张小龙表示微信的群聊是一个由熟人关系链接构成的小众、私密的群聊，用户在群聊中畅所欲言他们共同关注的话题。为了这种小众、私密但极佳的体验感，微信不支持通过关键词搜索群聊，这给通过微信群聊添加用户造成阻碍，但方法还是存在的。你可以通过关键词搜索公众号。一般小型公众号为了"固粉"都给公众号"粉丝"单独创建了"粉丝"群，在微信公众号的菜单栏或者文章的"阅读原文"处可以获得群聊二维码，通过二维码便可以进入相应群聊，进入群聊后需要做的与在QQ群里一样，这里就不再赘述。

4. "猎犬计划"找KOL

"猎犬计划"是世界上最伟大的销售员乔·吉拉德提出的概念，即借顾客之力寻找新的顾客。每一个买过他推销的汽车的顾客都会帮他主动推销，因为每次成交后，乔总会递上一叠名片和"猎犬计划"说明给顾客，告诉他们，每通过老顾客的人际关系卖出一辆车，他便会付给老顾客一份酬劳。

"猎犬计划"找KOL即通过老用户去寻找具有更大传播力度的代表。这好比学习，总要先学最为基础的知识，然后通过基础知识连接其他知识，最后形成一个知识体系，在复习基础知识时，各项学习能力又会相应增强，这样也会降低学习后续知识的难度。重视老顾客就是在培养新的人脉资源，通过一个不太起眼的顾客便可能接触到行业中真正有影响力的人，这是一个循序渐进的过程。

5. "混"群"死"法

1）加人被"踢"

有许多群主不支持随便拉人进群，特别是拉做营销的人进群。所以拉人需谨慎，别在达到与群友共处的目的前便被群主"踢"出群聊。还有些人喜欢随意添加群成员，并给添加的群成员发送大段广告，影响群成员心情，这样也很容易被"踢"。

2）得罪群主与管理员

群主与管理员可以决定群成员的去留，与群主或管理员发生口角会影响你在群聊中的存留时间，因此，运营人员在混群的过程中一定要注意与群主及管理员保持良好的关系。

3）违规被"踢"

每一个群聊都有它的运营规则，这些规则大多写在群公告中，还有小部分是群内成员约定俗成的规则，这些约定俗成的规则一般存在于建群已久且群成员特征十分相似的群聊中，这种群聊一般不在我们营销的范围内。因此进群发消息前一定要熟读群公告，以防违规被踢。

4）乱发广告

这里所说的乱发广告与第一点有部分重合，指的是不要在群聊中用广告刷屏，也不要给每一位群成员私发广告。大部分人对广告的态度是避犹不及，乱发广告很容易踩中大家的容忍底线。

2.4.3 群主互换"粉丝"

当你有宝妈资源群，而朋友的手中有兼职群时，适当进行群主互换可以增加双方的"粉丝"量。或者当你有一个以上的微信群，然后在群里发言说"微信群互拉"或"微信群互换"，这时有需要微信群的朋友便会冒泡发言或者添加好友私信进行微信群互换。当然，只是如此单纯地在熟人圈内进行"微信群互换"，人脉资源终有枯竭的一天，所以需要及时吸收新鲜血液。

1. 三步找群主

1）所在群的群主

QQ群中有明确的群主标识，十分容易查找；微信群中群成员中的第一位即群主。通过所在群的群主获取"粉丝"的好处在于充分了解群内规则和潜在用户特点，了解这些规则及特点有助于后期的"粉丝"管理，所以一定要注意找到所在群的群主，然后与群主建立联系。

2）好友中的群主

我们可以通过朋友圈或QQ空间的信息简单判断好友中谁有怎么样的群聊可以共享，因为一般使用空间或朋友圈进行营销的朋友或多或少都会有一些群聊。你可以通过他的朋友圈消息判断他手中群聊成员类型，假设他的朋友圈中经常出现母婴产品，那么你的那位好友极有可能掌握宝妈或者育儿群。而且在新冠肺炎疫情期间，大公司员工基本上都参加线上营销课程，你可能只需要通过微信昵称、头像之类的信息就可以判断他的线上业务范围，从而了解他手上握有哪种群聊。

3）群聊陌生群主

当你手中拥有一个及以上的微信群时，你可以和你所加入的新群聊中的群主主动联系。这时候要说明来意，添加好友后可以适当发个小红包缓解初次聊天的尴尬。

2. "三看"找资源

1）一看水平档次

人的精力有限，不是所有群聊都有用，所以在进行群资源共享之前应该先将所有的群聊资源分成三六九等，按照水平档次依次添加。从对方的头像、昵称、标签、朋友圈内容判断对方的水平档次，档次不错的合作伙伴的各方面应该都相对考究：昵称包含职业；头像清晰真诚；朋友圈文案可圈可点，内容工作生活五五开。遇到这样的合作伙伴便不用犹豫了，直接私聊合作。互换群聊信息后，如果觉得该群聊中包含许多潜在用户且群聊运营规范、活跃度高，即便合作伙伴提议付费合作，你也应该接受。

2）二看产品服务

这一步主要是判断对方的业务范围以及业务模式。从对方的朋友圈我们能够了解到对方的业务范围及产品。了解到这些信息后要做简单的评估，评估对方的业务范围与自己的业务范围的重合度。主攻保健品销售的与主攻健康理财的业务重合度较高，建议合作共享。但如果对方的业务模式与你的不同，不建议直接合作。微商、社交电商、直销这三种模式的运营方式不一样，群聊中"粉丝"的构成也不一样，盲目合作会浪费大量时间及精力。

3）三看专业素养

这里观察的是群聊中群主的专业素养，判断群主是否了解行业的基础知识，是否为相关行业的专业顾问。

3. 群主合作方式

1）互拉进群

这种方式主要针对处于营销初期，且无大量资源的创业者。这种相互拉进群的方式相当于抱团取暖，多个初创者共享同一信息源，将各自小群的资源整合在一起，互利互惠。在这个过程中要逐步了解与你合作的初创者，逐渐与你看重的初创者建立较为深入的联系，成为合作伙伴。

2）相互介绍推荐

当你选定靠谱的合作伙伴后，可以主动邀请对方在你的群聊中做自我介绍，这时你们的关系便像相声中的逗哏和捧哏，合作伙伴为逗哏，负责主要内容；你为捧哏，负责简单的语言回应、衬托主角。一逗一捧，合理分工，保证"场子"不冷，适当时还可以发个小红包热热"场子"。

3）邀请嘉宾分享

嘉宾分享干货是群中福利，一个群聊总是输出同样的内容难免让"粉丝"厌烦，适时分享与群聊主要内容相去不远的其他内容，调剂一番，有利于"粉丝"留存。假如你做的是眼睛保健的群聊，不能每天都只给"粉丝"分享眼睛保健的话题，即便"粉丝"没听厌，分享的内容也有枯竭的一天。你可以邀请合作伙伴在你的群聊中投放内容，进行其他专业知识的分享，内容可以是美容，可以是腰腿保健，等等。在创业初期资源共享过程中，大家都讲究投桃报李，你主动递出橄榄枝，就不愁没有合作伙伴。

4）资源互换

资源不局限于社群"粉丝"资料，还包括优惠券等。在线下消费时，观察力敏锐的人会发现在美容店消费时，前台会赠送车行的免费体验券或服装店的打折券。这种线下的资源互换方式可以迁移到线上。当你的合作伙伴想要进行推广并且手上有现金券或体验券时，你可以毫不犹豫地与他进行合作，有偿或无偿都可以，重在给群中"粉丝"发送福利，激励"粉丝"参与群活动。

5）联手活动

当合作伙伴确定资源共享且双方都握有一定的福利资源时，可以相互推广、携手并进。

2.4.4 留言软文"吸粉"

1. 百度贴吧

百度贴吧为软文"吸粉"的重点推荐社区，原因在于贴吧的独特建吧形式将有同一特征的用户聚集在一起，从而能让你所发的软文更有针对性地戳中潜在用户的痛点。但是在贴吧"吸粉"时要注意遵守吧内规则，不然你的留言不仅得不到推荐，还可能会被管理员直接删除。

2. 百度知道

百度搜索问题答案首推知道问答结果。举例来说，如果你是做收费PS教程的,那么你可以在百度知道上回答一些相对基础的关于PS的问题,在个人简介上标注PS教程,在答案的最后推广自己的个人微信号或者个体微信公众号,当你的答案成功帮用户解决问题,他就可能成为你的潜在用户,同时,如果你的答案被认可,会被更多想要学习PS的人看见,这是一个双向促进的过程。用户从你这里获取答案,你收获流量、"吸粉"引流。

3. App圈子

微博有超话、知乎有圈子、虎扑有社区、闲鱼有同城。这些圈子将具有同一特征的人群聚集在一起,且不说流量最大的微博,就拿新兴的知乎圈子来看,在知乎圈子功能上线不足三个月时,新手爸妈圈聚集了近两万人,讨论量超过六千条;健身交流圈涌入七万多个用户,帖子沉积近万条;金融理财圈汇聚近三万用户,发帖量达三千条。这些圈子是巨大的流量池,合理运用,扩大自己的知名度,将为你增"粉"无数。

4. 所有能留言的地方

这里推荐微博而非知乎等新兴社区,因为知乎等新兴社区尚在成长过程中,公司管理层比较注重用户的使用感受,而微博则不同,微博发展多年,在此阶段比较注重流量变现,官方对于打广告这种行为的容忍度较高。

2.4.5 各大平台"吸粉"

1. 微博

平台"吸粉"首推微博,经过十余年的发展,微博成为流行文化的发源、发酵地,聚集着一大批互联网用户,便于运营者找到潜在用户、分析潜在用户的痛点、合理设置引流方式。当你做好"'吸粉'

备战篇"所述的准备工作，便一定会在微博上吸引一批"粉丝"。

当然，在微博上进行引流时，也要注意个人IP的打造，以精准的IP定位去吸引特定的"粉丝"。在微博"吸粉"的时候可以考虑互动交流、活动运营、数据分析这三个方面。

互动交流指的是当"粉丝"转发、评论、点赞、私信时，第一时间回复；建立互动圈子，聚集核心"粉丝"，主动答疑解惑，逐渐形成专业社群；适当转发自己过去的微博，比如，年底总结的时候，可以转发年初发的新年愿望微博，强调时间的流逝，与人产生共鸣。

活动运营指的是在日常活动中，可以和其他"大V"一起做"互粉"活动，不仅能增加"粉丝"，还能加深"粉丝"对你的认知。也可以做一些活动小游戏、任务抽奖等，在增强"粉丝"黏性的同时，还可以调动"粉丝"的积极性。

数据分析指的是利用微博提供的数据分析工具，分析新增"粉丝"、"粉丝"类型、"粉丝"来源、关注趋势、"互粉"分析、微博访问、发博文数量、互动和阅读数量等数据。除了官方的分析工具，还可以通过第三方工具进行数据分析。分析时应当注意，数据分析是为了发现问题，通过数据反馈不断优化IP和内容方向，以转发、评论率较高的内容为对象，分析其火爆的原因，以运用到后续的微博中。

2. 小红书

小红书以社区起家，重在分享社区内用户的生活，聚集大量年轻女性。在小红书尝试"吸粉"时要注意小红书的特殊性。小红书会记录你所注册的手机号，如果一个手机号注册的账号在运营时有一条笔记违规，即便使用该手机号重新注册新的账号，该违规笔记也会被记录，影响笔记推广。

3. 抖音与快手

抖音、快手是短视频平台，是两个巨大的流量池。具有短视频文案写作、拍摄及上传管理能力的人，可以尝试从抖音、快手"吸粉"。短视频要想传播快，软文需要吊人胃口、引人发笑。常见的吊胃口手法为：不赞同我的观点，请你点击右上角，直接退出。这样会给观看者形成一种不得不看的感觉，吊足胃口，即便他只是单纯地想要批评你，也为你贡献了关注度。

4. 微信视频号

微信视频号是腾讯对标抖音、快手推出的功能，是基于微信的流量以及熟人圈子打造的视频分享平台。在这个平台上吸引一个"粉丝"意味着你可能吸引无数"粉丝"。

无论是从微博、小红书引流，还是从抖音、快手、微信视频号引流，都要注重内容质量。首先，要避免内容口语化，因为口语化十分影响文章阅读和视频观看。其次，要分享对用户有价值的干货，在文章或视频开头，告诉大家你所分享的是自己多年来积累的经验，以此帮助大家少走弯路；再次，在主体部分，也必须做到水分少、干货多，让你的受众群体感到你的内容给予他极大的帮助。这种"化无形为有形"的非套路文章会让人更加愿意分享，毕竟在网络上，大家更倾向于展示积极、正面、向上的形象。

归纳总结

增量永远是主旋律，引流从不过时。在互联网时代，最为广大企业、电商、互联网创业者头疼的便是引流。如何引流一直都是大家绞尽脑汁思考的问题。单纯让流量从一个场景转移到另外一个场景是无意义的引流。我们需要用户在我们希望的场景中做一些诸如留存、活跃、转化的动作。无论是通过交换群资源，还是通过打广告等方法引流，都要注意一点，即引流需找准潜在用户的特点，用于引流的"诱饵"要充分符合用户的心理需求。好的引流方法总是站在用户角度帮助用户解决问题的。

第3章
社群篇

本篇重点：

社群基本概念

社群运营思路

社群运营小技巧

3.1　与社群相关的几个观点

社群是基于一个或多个相同特征，如爱好、身份、需求，聚合起来的无结构但有规则和管理的组织。成员可以通过社群获得归属感、认同感，同时可以高效筛选相关主题的信息，协助达成自己的目标。

社群的含义包括三部分，第一部分是关于工具层面的总结分析，第二部分是用户关系管理层面的作用，第三部分是其社会学或社交角度的定义。将社群当作工具使用时，社群可以进行产品测试，可以拓展产品渠道、拓展新用户，可以传播品牌价值。近期引爆互联网的产品背后都有社群参与，社群通过长期互动产生黏性和信任感，其品牌传播效应十分大。从用户关系管理层面来说，使用社群维护用户关系投入小、收获大，一旦将用户关系维护好了，用户重复购买，由他的口碑推荐产品，成本十分低，带来的效果却是异常好的。电影《罗小黑战记》上映前几乎零宣发，但是由于其用户黏性佳，吸引一众"粉丝"自发为该电影整理资料，开展宣发活动，在豆瓣、猫眼电影等App如同"水军"般感谢每一位看过电影但不喜欢电影的观众，为电影《罗小黑战记》吸引一众"路人缘"，使得未曾"出圈"的2D动画电影斩获3亿元票房。从社会学或社交角度来看，社群是交互式的，有任何问题可以面对面交流，十分方便，你可以第一时间看到用户的反馈，并及时进行互动，当场解决问题，然后给用户提供帮助。

社群的概念由来已久，但作为一种商业模式，还是在近几年微信成为主流聊天工具后。微信群连接着人与人，催生出社群经济。社群经济与传统运营模式相比，效率高、成本低、投入小于产出，是近些年来各大下沉市场创业者的"宠儿"。

3.1.1 社群的重要性

1. 构建人脉关系

俗话说"人脉决定钱脉"，现今是一个讲究人脉资源的时代。一般而言，社会上的成功人士分为两类，一类是拥有人脉关系的；一类是能力超群，甚至达到行业顶尖水平的。如果合作方与你很熟，那么就可能与你产生交易关系；如果不熟就很难快速产生交易关系。综上可知，人脉的价值毋庸置疑。社群里卧虎藏龙，有大量高手存在，要善于通过社群挖掘里面的高端人脉，产生联系，把自身价值体现出来。同时，如果将社群用来维护用户关系、拓展新用户，也能给你的产品运营带来客流量。

2. 学习成长

对用户而言，在社群里互动，听社群内的微课，甚至在社群中分享东西，代表的就是一种学习成长。社群是一个大课堂，里面有许多有效的知识和技能，包括一手信息。对运营者而言，社群可以培养与人沟通的能力，也可以积累与产品运营相关的知识。一个微信群聊最多可以容纳五百人，一个QQ群在不充值的情况下最多也可以容纳五百人。不要小瞧这五百人，放在现实中，五百人足以坐满一个大的会议厅，管理好五百人的经验绝对会使你的沟通能力上一个档次。

3.1.2 社群发展脉络

1. 相互了解

传统营销中获取用户的信任是一个漫长的过程，因为传统营销是单向的，商家和用户之间缺少互动，用户只能被动接收信息。而移动互联网时代到来，随着社群发展，商家与用户可以随时随地通过微信、QQ沟通。创建社群是为了建立信任，而信任是基于熟人间产生的情感，陌生人之间谈何信任呢？所以建立信任的第一步应该是相互了解。群内要有明确的公告，要求群聊内的"粉丝"改备注，备注为"职业+地区+姓名"，这样方便群内成员相互交流；同时，在公告中应该鼓励群成员踊跃发言，积极分享自己的经历。在相互了解的过程中，肯定会有尴尬时期，这时候就需要群主发起话题，如果实在没人回应，就需要在群内安排两三个专业团队成员与群主互动，避免冷场。

2. 相互欣赏

"三人行，必有我师焉。"一个人的水平高低并不重要，懂得欣赏、尊重他人的人才能得到别人的尊重。在群聊中互相欣赏有利于培养良好关系。欣赏的可以是表面上的优点，也可以是聊天过后发现的更深层次的闪光点。无论欣赏哪一点，都要真诚地夸到点子上。比如，当你看到一个群友的朋友圈运营得风生水起，不妨这样夸赞他："哥，我感觉你的朋友圈内容好丰富啊，又是生活又是干货，真的让人越看越喜欢，你能教教我怎么弄吗？"

3. 相互连接

群成员间互相拉拉家常才会产生关系，在拉家常时可以以培养孩子特长等内容作为突破口。当你发现你想要建立关系的群友的朋友圈中有许多孩子弹钢琴的内容时，你可以在群内与他对话或者私聊他，问："孩子哪里学的钢琴？效果十分好。"这样建立起的联系衔接线上与线下，比只基于共同兴趣建立起的线上联系更加牢靠。

4. 建立关系

了解较多、相互欣赏、相互连接后，关系自然而然产生。当你与群友之间建立关系时，意味着你不会突然被删除，并且可以有意无意地聊工作上的事。

5. 产生价值

建立关系后就可以选定合适的时机提及工作。

发展社群时一定要循序渐进、按照普通交友流程进行。可能你认为见面直接说明来意不会浪费大家时间、效率高，可这样往往是干不成大事的。能干成一件事指的是这件事不仅符合明面上的规定，也满足约定俗成、没有明文确定的规则。直接表明来意的确快捷，但我们要讲究说话委婉、点到即止，刚进入群聊便聊理想、聊事业并不会建立信任关系，反而会令人心生反感。所以当你带有目的地进入一个群聊时，不妨先将目的隐藏，先建立友谊，再谈生意。例如，你可以率先介绍自己的身份以及擅长的事。假设你擅长育儿，是一个超级奶爸，具有十足的亲子教育经验，懂得如何培养孩子的爱心、领导力、抉择力，那么你可以以此为突破口，在群内的宝爸、宝妈谈论孩子时，适时夸赞他们的孩子以拉近与对方的距离，然后再分享一些自己的育儿经历和经验，建立线上或线下连接后再谈论交易事宜。

3.1.3 优秀社群标准

所谓优秀社群，便是具备三个"自"特点的社群，这三个"自"特点为——自活跃、自内容、自组织，倘若社群运营者通过自身努力使社群运营走上正轨，使得社群具备这三个"自"特点，运营者将减少费时费力更费精神的投入。

1. 自活跃

"自活跃"这一概念由两部分组成，一部分为"活跃"，一部分为"自发进行"。用户活跃度与留存率呈正相关，一个用户在群内发消息频繁意味着他在群内找到了认同感和归属感，也意味着他脱离群聊的可能性小。自活跃表明一个用户在没有外界干预的情况下，一直自发活跃在群聊中。一个群聊能否为用户创造自活跃的土壤是评判社群优秀与否的标准之一。

2. 自内容

自内容是评判社群是否优秀的标准之二。当群主或管理员一直分享自己熟悉的领域的知识时，其知识输出总有穷尽的时刻，但当群主或管理员以欣赏的眼光发掘群内能人志士时，群内分享的内容就丰富且多元，完全不需要担心穷尽，同时群内成员也有归属感。举例而言，当你的群聊以孩子教育的话题为主时，你可以邀请群友交流、分享如何从小培养孩子的感知力，也可以让全职主妇分享家长里短。总之，就是要做到去中心化及内容的自产。

3. 自组织

自组织是判断群聊优秀与否的标准之三。如果说自内容展现的是一个群友的参与度，那么自组织展现的则是一群人的参与度。组织活动最能展现群聊中好友的亲密度。组织一个活动包括前期准备、活动期间维护、活动后期清算这三个环节，每一个环节都需要不同群友互帮互助、互相理解。当群内活动完全由群友配合组织时，说明参与组织活动的群友之间一定相互了解并在组织活动的过程中收获了满足感。

4. 自习惯

自习惯是判断群聊优秀与否的标准之四。自内容、自组织都是一时的，而习惯则是长久的。群友长时间活跃在群聊内，长时间参加群内活动才可能培养一定的习惯。这里的习惯包括两部分，即定时打卡和具有标签。定时打卡是指每天都在群内打卡、聊天；具有标签指的是群友在群内较活跃而在群内其他好友眼中形成的印象标签。长时间进行打卡和形成独特印象表明群友已经习惯将群聊当作生活中必不可缺的一部分。

3.1.4 社群，私域流量的一部分

2019年，流量市场出现了一个新词——"私域流量"。它的出现，是一种偶然，也是一种必然。偶然，是因为它源自流量饥渴；必然，是因为它是一种"捷径"。私域流量百度词条的注解是："不用付费，可以在任意时间、任意频次，直接触达用户的渠道。"在笔者看来，私域流量就是利用个人或产品背书，实现熟人经济变现。而这种变现，有着天然的优势。相比公域流量，私域流量有着更便捷的触达性、可控性和复制性。网上有个易懂的解释："公域就像大海，里面有很多鱼；而私域就是你家的池塘和小溪。"要养鱼，得先从大海里把鱼捞到你的池塘；要养更多鱼，就要扩建池塘；要

形成闭环生态，就要用小溪把不同的池塘串起来，让鱼可以在不同的池塘之间游动。

私域流量与微商有着本质的区别。微商，是一个以盈利为目的的商业模式，它是通过分销和代理制实现销售。常见的操作手法是："通过代理和拉人头的方式，实现高利润率产品的流通。"大部分产品都囤积在各级代理人手中，朋友圈不停刷广告，晒模拟真实交易的图片，吸引的下家数甚至比消费者还多。其产品必须具备高毛利、高频、大众化和易传播的特点，例如面膜、减肥药、营养粉、代餐，以及各类保健品和化妆品，这些产品可以极低的出厂价进货。通过微商渠道，产品不仅易销售，而且多级分销可以抬高价格，使得微商有更多获利空间。消费者在市场上也查询不到产品，往往易被熟人推荐。

而私域流量，同样是做熟人经济，但本质上却是一种用户思维，是一种可以和用户直接对话的渠道。它的核心是产品，是服务，是产品或服务为消费者提供的价值。而变现，更像是一种水到渠成的结果。以微信生态举例，2013年及2014年是微信公众号的红利期。所有从事公众号管理的运营人员，为了"涨粉"，都投入无数精力于文章质量的打磨。例如黎贝卡的异想世界用场景和情感打造故事，黏住了上百万年轻女性"粉丝"，让无数女性"粉丝"跟着"买买买"。近几年的朋友圈生态，除了是微商的裂变阵地，也是各大流量型企业的抓手。2019年，"微信公众号+个人号+朋友圈"成了新的流量组合拳。2020年以社群为重点的私域流量火爆全网，无数品牌及个人依赖微信社群创建属于自己的私域流量，以社群连接"粉丝"，以社群的方式服务"粉丝"。

综合上文，可以看出，社群是私域流量后期的衍生物，是圈住"鱼儿"的"鱼塘"，是连接"粉丝"及运营者最简单的桥梁。

3.1.5 社群运营的六大雷区

1. 分享文件不说明目的

不知道大家有没有这种体验：微信群里有人发了一个链接、一个文件包，抑或一个小视频，但是分享者除了分享这一条信息外，没有更多的解释信息，你也不知道分享者分享的目的是什么。像这样一声不吭地丢出东西的情况下，很少有人积极回应。这就像男女生交往的时候，男朋友给女朋友一个礼物，但是男朋友一句祝福话都不说，只是拿着一个盒子走到女朋友面前，然后直愣愣地将盒子扔给女朋友。这样让女朋友也很苦恼，她都不知道盒子里面是礼物还是分手后的归还品，要是女朋友脾气糟一点，两人还免不了一顿大吵。

不管是分享一份文件还是送出一份礼物，你都必须给对方一个解释，这是对人最基本的尊重。无论是链接还是文件，既然你把它分享到群里，那么你就要告诉大家你的目的，这样才能让群友更好地回应你。比如你分享一个链接，这个链接是一个关于抗击疫情的白衣天使的感人故事，你觉得作者写得非常好，医护人员的故事十分动人，那么你要怎么解释？你可以说："这是一个抗击疫情的白衣天使的故事，我非常感动，在这里分享给大家。希望大家一起看一看，我们一起支持白衣天使。"这样大家才会去看你的分享，才会知道原来你是一个有爱心、关心国家大事的人。只有接收者接收了信息，才算是有意义的分享。

2. 老套的段子和笑话

这是一个非常容易踩的"雷"。特别是在春节的时候，大家都会互相在群里分享各种表情、藏头诗等消息。这个时候你会发现，群里几乎所有人发的拜年消息都是不走心的，都是从别人那里复制粘贴过来的，非常老套，甚至有可能两个人发同一个段子，这是非常尴尬的事情。这种消息的原创度非常低，价值非常低。如果一个群聊里面大家平时发的东西原创度都很低的话，那么这个群聊就变相成了一个"垃圾堆"。群聊内容索然无味，群聊内的分享基本没有任何含金量，群聊内甚至没有真情实感，长此以往，对群友而言，这个群聊便基本没用，只是一个用来分享拼多多砍价链接的群聊，用一句话形容便是"食之无味，弃之可惜"。这对群聊运营者十分不利。

3. 广告

这可能是大家都会想到的一个点，那为什么还要把广告放在雷区里面呢？因为广告是最容易踩的，同时也是运营者自认为最不容易踩的"雷"。说广告容易踩雷的原因在于大多数运营者都会忍不住在群聊中发送广告，说广告是大多数运营者自认为最不容易踩的雷的原因是很多人会抱有侥幸心理，认为自己所发送的广告只是一个软广告，软广告不容易让用户产生逆反心理。

那么软广告和硬广告有什么本质区别？怎么去界定软广告和硬广告？这两个问题有明确的答案：在报纸、杂志、电视、广播这四大传统媒体上看到和听到的宣传产品的纯广告就是硬广告；而媒体刊登或广播的那些看起来像新闻而又不是新闻的则称为软广告。但笔者想要更加简明地告诉大家，只要是能让用户看出广告成分的都属于硬广告。一个真正好的软广告是不会被用户察觉广告成分的。如果内容能被用户看出广告成分，那么这条内容便不能发送；如果你能确保广告成分十分隐秘，一般用户看不出来，那么这条广告便值得推广。举个例子，春茶上市时，笔者在很多微信群里看到大家在卖茶叶。笔者拍了一个泡春茶的小视频发到群里，告诉群聊内的群友说："这边西湖龙井头采刚刚下来，很好喝，入口微苦，回甘。"作为运营者的你可能觉得这是一个很软的广告，因为这里面笔者既没有说多少钱一斤，也没有让大家来买，但是明眼人都能看得出来，笔者正在推销茶叶。

那要怎么发广告呢？笔者曾经看过一个比较高明的朋友在群聊中卖茶叶。他通常会去茶山或炒制现场。在茶山或炒制现场拍炒茶的师傅，然后说这个师傅已经连续为他们家炒了7年的茶，一到杭州就马不停蹄地去他们家炒茶。他一直在讲这个师傅，而没有提他的茶，但在这个过程中他却变相告诉你今年的茶叶下来了，而这个师傅已经给他们家炒了7年的茶，说明他们家的茶品质稳定。这是笔者认为比较好的软广告。如果你和一个人刚见面，这个人便向你推销茶叶，告诉你他们家的西湖龙井怎么样，是什么香，品质多好，你肯定知道他的目的是向你推销茶叶，知道他的目的后难免会觉得不耐烦。可以运用不一样的思维，从侧面出发，"迂回作战"。你可以去讲一个师傅、一棵树或一辆车的故事。例如可以这样说："这辆车我买了10年，陪着我送茶叶也走了10年，今天我要把它洗得干干净净，因为今天我要去采茶叶了。"大家都会觉得这样的故事有人情味，有温度，而与此同时，你向大家推荐自家茶叶的目的也达到了。

4. 大段的语言或表情

有些人很喜欢在群里发较长语音。这是最令人反感的一种聊天方式。如果一个群里所有人都是发大段的几十秒的聊天语音，一开始，你可能还有耐心听几段，到后面可能就直接语音转文字了。而语音转文字你可能看不懂。对方普通话不标准的时候，机器难以识别；如果语音里面涉及专业术语，机器可能翻译不出来。如果出现这种情况，大家往往就会忽略或放弃，不听了。久而久之群聊的活跃度就会降低。表情包也是一样的，相比普通表情包，建议大家在斗图的时候发一些比较有意思的表情包。比如茶仕利（致力于打造24小时茶生活，专注于研发和生产茶深加工的产品的科技型公司）就做了一些有意思的表情包。这些表情包与茶仕利品牌相关，但内容丰富有趣。表情包的内容不局限于你好、再见、感恩及早安这些大众耳熟能详的内容，还特意添加了一些时下流行的段子。

5. 和群主题无关的内容

什么样的内容是和群主题完全无关的内容呢？为什么分享和群主题完全无关的内容会给运营人员的运营工作造成困扰呢？举个简单的例子，比如你的群是一个茶友喝茶交友的群，日常大家会在群聊内分享一些喝茶的体验。突然有个人在群里面分享他最近买的车，结果群里还有几个人听完他的分享，开始和他聊起来，然后就开始晒车。当他们的聊天话题持续进行时，你就会发现这个群开始变味了。那些本来想在这个群里面交流茶、交流生活方式的人发现这个群已经变成了晒豪车的炫富群。那些专注于品茶的人就会自动退出话题，不再在群聊内发言，这个群的专业度就降低了。这是很容易发生的事情，也是一个运营者十分容易踩到的雷区。为什么会有这个雷区呢？因为把控群聊的群主或管理员没有控制好这个群的舆论方向，没有去引导大家讨论，而是让大家自由地进行讨论，而每个人的看法是发散的，所以群聊内的话题风向容易被个别群友影响。当有上述与群主题无关的话题产生时，群主要积极表态，让大家讨论与群主题相关的话题。

6. 只进不出

如果有人明知道前5个雷区，还要在你的群里做这些事情，怎么办呢？比如，有个人就喜欢发59秒的语音，就喜欢发文件而不做解释。这个时候你就要把这个人请出去。这往往是大家很难做到的。很多群聊最终避免不了"消亡"的原因便是没有淘汰机制。运营者一直把所有人都留在群里，不管这个人有没有做不恰当的事情，这会使得剩下的、想要在群聊内获取知识的群友失去对运营者的信心。当你已经确定要将某位群成员"踢"出群聊时，你可以在"踢"他之前发个红包，然后对他说："给您买了一张头等舱机票，拜拜！"或者与他私聊说："群里人员比较多，不希望继续打扰你，把你请出去行吗？"只要学会交流，把他"踢"出去也不是什么难事。许多群主碍于大家的面子，不想将大家的关系弄得很僵硬，但对于群主而言，如果想管好群，必须要有规矩，并且必须按规矩执行一切事宜。老话常说："菩萨心肠，霹雳手段。"作为一个运营者，有菩萨心肠是好的，但是如果没有霹雳手段，就是一个滥好人。

3.1.6 微信为社群基础的好处

1. 用户基数大

据统计，微信的注册用户数量已经超过了11亿，这是一个非常惊人的数字。我们中国有14亿多人口，大部分人都有微信账号。有人会问：我自己开发一个软件做社群可以吗？可以！但你第一步就会被难住。因为你要引导大家下载这个软件，然后教大家怎么使用，这是非常复杂的一系列工作。这些流程其实已经把大部分人挡在门外。而微信的一大优势就是人人都会用，人人都有。所以它几乎是一个没有存在感的软件，是一个必备的物资资源，像空气、水和阳光一样，很容易让大家接受。

2. 免费试用

微信可以免费使用是一个非常大的优势。举个例子，我们现在有很多直播软件，也有很多直播平台，但是很多直播软件是要收费的，这就把很多想要直播的人挡在门外。因为免费使用，运营成本就会相对低。

3. 功能全面

微信的功能非常多也非常全面。笔者简单罗列一些功能。

首先是聊天功能，这是一个最基本的功能；其次是群公告，可以发布一些重要的信息，然后"@"所有人；还有群语音功能，可以在群里面多人语音，目前可以支持9人同时语音。如果你是用语音分段发消息的话，是没有限制的。微信还具备群视频、群文件等功能，这些功能都十分实用，利用这些功能，群内的每一个人都可以随时随地通过简单的操作查看群聊内分享的文件、图片及视频。

相较于其他软件，微信搭载了许多免费的小程序，合理利用这些小程序可以促使群友活跃。比如，运营者利用抽奖小程序便可以在微信群里进行抽奖。除此之外，微信群还具备接龙功能，只要打一个"#"号键，然后打上"接龙"两个字，就会自动弹出一个接龙的页面。接龙有什么用呢？假如今天有一个课程需要报名，群主就可以发起一个接龙，想要报名课程的群友就可以参加接龙。这样有多少人要参加、有谁参加课程就一目了然，非常方便。

除此之外，微信还具有发红包的功能。在微信群里，我们可以发拼手气红包。红包功能对于微信运营来说是至关重要的，如果你的红包功能用得好，你的群会非常活跃。

总之，微信作为社群运营的基本工具，具备很多功能，而这些功能都等待着运营者去发现、去使用。接下来我们便进入微信中实用功能的分享。

3.2 用好微信，用好工具

工具原指工作时需要用到的器具，后引申为达到、完成或促进某一事物使用的手段。在运营过程中，单纯使用微信的聊天功能并不能满足我们的需求。正所谓"磨刀不误砍柴工"，了解微信的一些小功能，可以更方便地满足运营需求，有效提高工作效率。

1. 提醒功能

几乎每个拥有智能手机的人都会有一个属于自己的微信号，微信除了聊天、视频、语音通话等大家熟知的功能外，还有一个隐藏极深但十分实用的提醒功能。一键开启代办提醒，再也不用担心忘性大，而且使用微信待办提醒，不需要额外安装其他应用。有多种方式可设置微信提醒。

第一种适合于自定义的事项提醒。先打开微信，点击"我"，然后再点击"收藏"，最后你就可以看到手机右上角的"+"号，通过这个按键你便可以创建笔记了。创建完毕后，你可以点击右下角的列表，在这里选择"项目符号""数字编码""分割线""待办"和"加粗"等不同设置。选择"待办"后，选择"在聊天中置顶"。如此设置后，返回与朋友聊天的界面时，待办事项便在聊天窗口最上方显示。

第二种只适用于好友微信消息提醒。先选中一条文字消息并长按，在弹出的界面中点击"提醒"按键；再选择提醒通知的时间，点击"设置提醒"，该条提醒便创建成功；等到了提醒时间，微信会通过"服务通知"公众号给你推送提醒的消息。如果你想查看你设置了哪些提醒，或者想要删除某些提醒，点击"所有提醒"按键即可；长按某条提醒，便会出现"删除"按键，点击"删除"键便完成删除。

2. 引用功能

当微信群聊中人数较多且消息过多时，使用引用功能便可以准确回复某个人的问题，避免牛头不对马嘴的笑话发生。而且，引用消息回复时，被引用的消息下方会出现一行虚线，这样可以很清楚地看到你所回复的消息。

设置方法如下：长按某条文字消息，在弹出的菜单中选择"引用文字"按键，然后再在聊天框中输入自己需要回复的消息，便可以看见引用功能的效果了。

3. 实用小程序

1）短书清单

短书清单，是一个专注于为泛教育行业提供一站式的内容变现解决方案的SaaS型服务工具（SaaS是Software-as-a-Service的缩写，意思为软件即服务，即通过网络提供软件服务），其愿景为"知识传授，让知识没有距离"，满足各个阶段的教育从业者的需求。短书清单支持创建私域流量，支持多种营销方法，如分销、团购、登记会员卡、邀请卡、赠送码等；其变现模式丰富，支持付费社群年费、专栏或视频付费、会员年费、1对1咨询、课程或训练营费等，致力于打造完整业务闭环；其配套服务精细，支持自动回复、强制加群、自动拉群、多群管理等。

2）点赞抽奖

点赞抽奖为微信内红包抽奖小程序，适用于公众号作者开展抽奖活动、微信群内抽奖、年会抽奖等，是一款方便且公平的抽奖工具。运营者发起抽奖，输入红包金额及个数，设置开奖时间等条件，将钱塞入红包内；用户扫描小程序二维码进入，点击"参与抽奖"即可参与，在参与过程中还能与网友及运营者评论互动。当用户想要获得更大中奖概率时，可以转发抽奖到朋友圈邀请其好友参与抽奖。运营者通过发起点赞抽奖可以增强用户黏性，同时开拓新的用户关系。不到一年收获200万公众号"粉丝"的半佛仙人便是通过参与抽奖来维系"粉丝"黏性的。在其公众号后台回复"摸鱼"，便可以收到近期文章，文章下方"阅读原文"处包含抽奖链接。

3）腾讯文档

腾讯文档可以在无接触的前提下办公，并减少不适感。腾讯文档支持QQ及微信在电脑网页登录，可随时随地查看自己的所有文件，与此同时，腾讯文档支持收集信息，也支持多人协作完成文档。

4）群空间助手

2017年年末微信推出群空间助手以让使用者更好地管理群聊。你可以利用微信群空间发布重要信息到微信群而不需要担心被清空。群空间助手默认永久保存信息，这种功能很适合于团队建设、线下聚会以及社群维护，同时，群成员还可以通过群空间助手共享图片及视频。使用群空间助手时，先进入微信小程序，搜索"群空间助手"，再点击屏幕底端的"+",然后选择发布内容,将发布内容分享到微信群,这样便完成了微信群空间的建立。

5)腾讯小经费

腾讯小经费为微信中的一款小程序,是财付通依托微信及微信公众号平台针对班费管理、聚会经费管理等使用场景,提供资金收取、资金支出、资金流水查询等功能的轻社交记账工具。这款小程序弥补了微信群中群收款功能入口深的不足。

6)微信指数

微信指数是微信官方提供的基于大数据分析的移动端指数。现阶段微信指数作为内嵌于微信当中的小程序形式存在,便于微信用户了解关键词搜索热度,帮助企业更好地掌握实时搜索舆情。其计算范围包含且只包含微信搜索、公众号文章及朋友圈公开转发的文章。目前微信指数只支持7日、30日、90日内三个阶段的数据。有两种方法查看关键词指数信息。

① 在顶部搜索框内输入"微信指数"四个关键字。再点击"微信指数"进入主页面,然后再点击微信指数里面的搜索框,输入自己想要的关键词,得出数据。

② 在搜索栏输入"微信指数+关键词(例如'罗小黑战记')",然后直接获得该词汇的指数结果。或者搜索"××微信指数"或"微信指数××",点击下方"搜一搜",也可获得某一词语的指数变化情况。

③ 腾讯投票

现阶段微信不支持投票功能,但是能用腾讯投票小程序进行投票。将腾讯投票小程序分享到群聊中,运营者进入腾讯投票小程序,可以建立单选或者多选投票，点击"设置"，可以选择是否匿名投票和截止日期，最后点击"完成"并分享即可。

4. 多个私人群

日常生活中，微信群聊是重要聊天平台，但是有时候有许多消息不方便在工具群、好友群中发送，便需要建立单个的私人微信群。私人群的建立十分简便，只需要点击微信首页右上角"+"号，选择菜单栏中的"发起群聊"，点击"面对面建群"，输入4个建群数字密码然后点击"进入该群"，私人群即创建完毕。

5. 收藏笔记功能

微信收藏中的笔记功能集图片、文字、录音、地图于一体，丝毫不逊于第三方笔记软件。使用方法是，先在微信中找到"我"，然后点击"收藏"，进入"收藏"界面；再点击"我的收藏"页面上方的"+"，开始创建新的笔记；在编辑页面中，可以添加相册图片，可以添加位置或语音，添加所需内容后，笔记自动进行保存；完成编辑后，可以通过右上角的"…"对笔记进行个性化操作。

6. 搜索功能

微信搜索为条件输入，输入框的周围包含一键删除已输入内容、触发搜索动作执行的按键、小键盘等。微信搜索可以搜索公众号内文章、搜狗网页内容及小程序，搜索内容广泛且私密，而且基于公众号的私密性，你可以在微信中搜索到普通网页所不能搜索到的内容，如四六级真题合集、近期电视剧资源等。

7. 群消息设置"爬楼回看点"

在微信群中有干货内容，但是由于时间不充足而错过多条消息时，便需要在群消息设置中设置"爬楼回看点"，便于群友了解前面的人聊了些什么。

8. 捡漏红包

你是否有这样的感觉，每次打开微信群总感觉错过好几个亿？看着没领完的红包，你想着兴许还可以捡个漏，但点进群聊就会看到超级多条消息，慢慢"爬楼"十分浪费时间。人之所以为人，之所以站在食物链的顶端便是因为人会使用工具。点击群聊右上角，选择"查找聊天内容"，再选择"交易"。点击这个按键后，所有红包一览无余，连打字的工夫都省去了。

9. 互动星球

在互动星球里，运营者不仅可以免费创建社群圈子，还可以通过互动星球的技术服务快速搭建属于自己的微信小程序。与此同时，和其他社群圈子不同的是，在互动星球中没有所谓的推荐和社群间导流等机制，这样可以有效保证圈住的专属私域流量不被分流。

在互动星球中，每个圈子都可为用户设定不同角色，也可随时更改成员的角色身份（圈主、管理员、嘉宾等）。圈主及管理员对内容、成员有着相对应的管理权限，对圈子的运营负责，而嘉宾也和圈主、管理员一样可以接受普通成员的提问。基于社群圈子，互动星球可以灵活搭配使用各种丰富的工具，包括活动管理、问卷投票、直播、课程等。运营者可以在后台实时统计数据，群友活跃情况、参与度、参加活动情况等一目了然。通过这个功能，你可以实现社群中群的及时沟通，也可以实现社群中社这个圈子里内容的沉淀。这样一款小程序可以帮助运营者高效运营私人圈子。

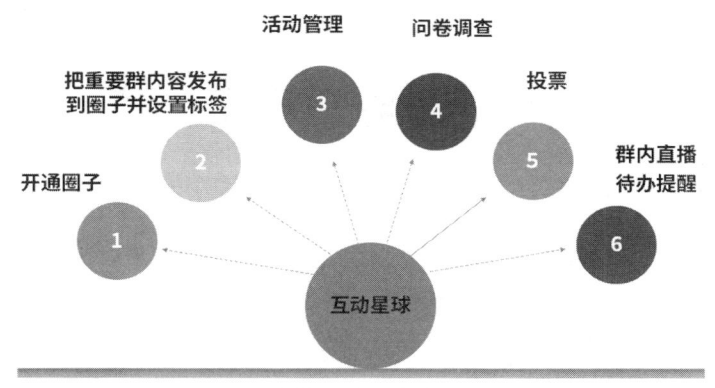

图3-1 微信互动星球的几种玩法

3.3 建群策划准备

社群并不遥远，它就存在于我们的生活中，家庭、公司、团队，任何以人为主要构成的团体都是社群，社群的本质是人与人的聚集。但社群的运营受制于运营环境及稳定系数，其难度十分大。一个合格的社群需要给用户提供"三感"，运营时间不打扰用户家庭、工作，不与用户正常线下社交的时间重合。因此，在策划建群时需要运营者做多方准备，确保群聊正式运营时少产生纠纷。

3.3.1 组建群管理团队

1. 组建造势团队

经常上网的人都知道，一些大V、"达人"、新出的游戏或者新上线的电视剧都会雇用团队帮忙造势宣传，也就是发帖留言说好话。在社群运营中，造势团队也十分重要，他们可以避免群内无人发言的尴尬。以国产美妆营销大户——完美日记为例。完美日记创建不到三年便拿下天猫美妆销售第一名的原因在于，完美日记十分懂得营销。用户下单一次时便会被拉入群聊，在群聊内"内部人员"会很热情地与新用户打招呼，也会在用户犹豫买哪种色号的口红时，亲切地告诉用户"All in（全买了）"。"内部人员"可以给产品造势，也可以为用户埋下心理暗示的种子。

2. "混群"配合

"混群"需要运营者各司其职，了解自己的角色定位。在配合时，群主为CEO，是首席执行官，负责群内日常业务活动，在社群建立初期发布公告，警告违规群成员，而帮助群主运营的团队的工作是配合群主运营，并在群内无人交流时带动群内氛围。

3. 带动互动

人具有从众心理，知觉、判断、认知容易受到外界人群行为的影响，认为人数多的一方所持意见正确。当群聊中没人聊天，且你想调动群员聊天热情时，不妨先自己提出问题，等待群员回应，若过二十分钟依旧没有人回应，再不妨启用团队成员来带动互动。互动是双方的事情，一方不主动，而又想达到双方有所交流的目的，就只能由另一方主动挑起话题，再利用从众心理让不主动的一方开口。

4. 拍卖兜底

拍卖是调动群成员情绪的法宝。以远低于市场价的价格起拍某件用户在意的东西，在拍卖过程中让团队成员抬高价格，运营者对价格保留解释权，为拍卖兜底，避免亏本。在淘宝中有拍卖奢侈品这项功能，卖家交付保证金并点击拍卖，低廉的价格让许多想要买奢侈品但是没钱的用户反复浏览该页面，并忍不住"剁手"。在用户拍卖过程中会有"托儿"与用户抬价，诱使用户提高拍卖价格。若最终价格没达到商家预期，便算作拍卖失败。有兜底的拍卖既能调动群成员参与，也能尽量减少运营者的运营成本。

5. 打消顾虑、带动成交

成交是以产品运营型群聊的最终目标，产品需要解决用户的实际问题，打消用户的顾虑，从而实现成交。在打消用户顾虑时，又回到最初建群的目的以及"引流篇"的用户思维，即站在用户角度思考问题，多想想用户需要解决什么问题，你能够如何帮助用户解决问题，如何让用户相信使用产品能帮他解决问题。当你在拥有同样特征的人群中成交一份产品时，说明这份产品适合于这群人，你将带动这群人完成产品成交。成交的背后是解决问题、打消顾虑。

3.3.2　设计群名称

群名称就像一个人的简历。简历最开始要清楚地展示应聘者的应聘岗位及个人能力，群名称也如此。群名称要简明地展示品牌和主题。以炯小炯品牌为例，其群聊名称应该如此，"炯小炯·亲子高级交流群""炯小炯·健康高级俱乐部""炯小炯·女性高级俱乐部"。群名称前方为品牌，后面为群聊主题，在品牌和主题之间用"·"衔接。

3.3.3　设计群规则

没有规矩不成方圆，没有一定的规则约束会导致群成员发言无底线。社群规则是社群价值观的部分体现。在设计群规则时要明确三点。第一点为不随便邀请人进入群聊。在社区运营初期尽量做到群聊封闭，除了群主及管理员外不能随意拉陌生人入群，以确保入群者都具有相同特征，便于管理。第二点为爱护群环境，不能随便发广告、私自加群好友并骚扰对方。群聊是一个封闭的公共场所，群环境是每一个人的，爱护群环境，人人有责，拒绝广告图，拒绝砍价链接，拒绝多表情刷屏。第三点为约束群聊中群成员的消息内容。群内不允许出现导向不正确的内容，不允许出现伪科学论，不允许发私人二维码等，只允许群成员在群聊内分享与群价值相关的内容。

3.3.4 设计群公告

在设计群公告时，原则上公告内容不超过6行，公告内容要包含群内福利。写公告时，语言要简练，逻辑要严密。下面给大家展示一个案例（案例内容见下图），请思考一下问题何在。这个群公告给人的第一感觉便是冗长。内容太多了，看着就烦，需要花点时间才能抓住重点。所以在修改的过程中，我们可以去掉多余的修饰词、多余的月份（毕竟活动都在不久后举行，与通知时间应该在同一个月）、多余的直播内容、多余的解释（毕竟群内成员多为成年人，都明白聊天"潜规则"，点到为止即可）。群公告按照如上建议修改便会变得简洁明了。

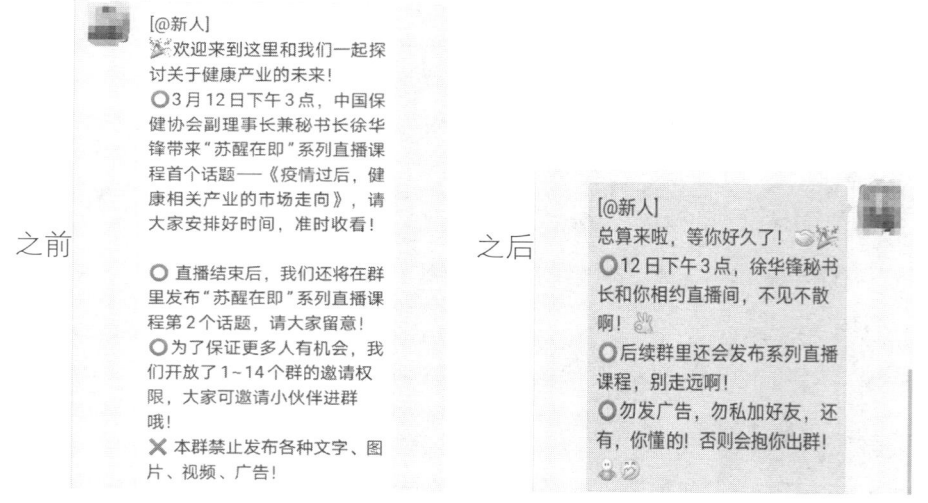

图3-2　群公告的设计（前后对比）

3.3.5 进群活动设计

1. 活动+礼品+后期福利

1）活动

活动是一种调动成员参与热情的手段，而不是为了完成绩效考核。在运营之初要结合产品现状及群成员需求进行分析，找到较为清晰的运营目标和发力点。如果你的运营目标还不够清晰就直接去做活动，那么很可能会为了做活动而做活动，不仅伤财，还浪费时间及精力。

2）礼品

礼品激励是最直接也是最有效的手段。在任何营销形式中，都不乏礼品的身影。群成员进群后参与活动收到的礼品必须与预期的相差不多，并且礼品总价值要控制在合理预算之内。这种礼品可以是满足用户精神需求的，也可以是满足用户物质需求的。如果你做的是私人提升课，那么你的礼品可以为基础的录播课程；如果你做的是私人心理辅导，那么你的礼品可以是一次免费的心理咨询体验券。总之要让用户有获得感，而礼品又在运营可承受的范围内——让利过多，成本太高，容易亏本，而且容易给用户过高的心理预期，到后期难以满足用户期待。以瑞幸咖啡为例，当它第一次给用户的打折券为2.8折，而第二次为5.8折时，用户便不会买单了。

2. 每满20人群主发红包

红包可以刺激用户。当群内成员每满20人时，在群内分享一个大红包可以激励老用户拉新用户入群，也可以增强群聊内"粉丝"黏性，让他们觉得待在群内有利可图。

3. 自我介绍

拉人入群后尽量组织群友自我介绍，从群主开始，介绍内容可以是称呼、年龄、星座、喜欢的一句话、去过最美丽的城市、喜欢吃什么等基本信息，以及在本群中想要收获什么、可以为群友提供的帮助是什么等比较深刻的目的和特点。

4. 异业联盟合作建群

异业联盟合作建群可以使商家之间共同分享资源，降低营销成本、增强个体商家的竞争力、建立更加丰富的营销渠道、让利消费者。这里以金融理财产品为例，首先需要编制人脉网，可以通过结识珠宝和奢侈品销售、名车销售、出国留学代理销售等人来接近较为富有的人，同时需要为上述人员提供便利和利益以交换有效潜在用户的信息，实现互利共赢。

3.4 社群运营

现阶段社群无处不在，人人都在社群之中，要么在这个群，要么在那个群。很多人打开微信，加入的社群数量几乎直逼好友数量。但大部分社群都被设置成"信息免打扰"模式，所以如何在大量的社群中争夺用户的眼球，成为各群主运营的核心。好的社群必然重视运营，没有运营就没有重度连接，没有重度连接就没有深入交流，没有交流的社群不会产生情感，更不会长久存活。在了解群聊运营之前不妨先了解一些关于社群的基本知识。

社群属于社交圈，是社交圈的一种。社交圈一般分为三类。第一类为熟人圈。熟人圈不会很大，其主要成员为亲朋好友，其间的社交关系较为稳固。由于亲人以血缘关系结合，而朋友大多相交于求学、工作中，所以可选择性较小，成员较少。第二类为职业圈，职业圈内的互动可能更多，但是其圈子成员的选择性仍然较小，有些关系不好的同事，由于在一起共事，也不得不进入对方的职业圈。第三类则为营销社群，社群成员广泛，共同特征明显，群成员流动性大。前两种为典型的非营销类社群，存在的主要目的是方便生活和工作中的沟通和交流，属于情感连接性质的社群。当然非营销类的社群也可能会随着关系的发展，增加营销功能。如果群友需要，群的活跃度和相互信任度足够，就可以针对共同需求引入产品或者形成某种利益机制。

而营销社群又由于群成员聚集在一起的原因不同，可以简单分为三类——兴趣爱好类、产品消费类、交流成长类。这三类社群的运营思路各不相同，需要仔细区分并对症下药。

3.4.1 三大类社群运营思路

1. 同好——兴趣爱好类

随着社交网络的发展，人们的交往不再局限于家里、邻里、公司里，还可以在社会上寻找志同道合的朋友。人们不再迫于地域及时间的限制而放弃自己的爱好。喜欢旅行的，可以在"驴友"群内寻找知己；喜欢打游戏的，可以在游戏群中找到"开黑"对象；喜欢养生保健的，可以在养老唠嗑群内找到知音。想要运营兴趣爱好类群聊，唯一的方法便是进入相应的兴趣圈，学会圈内的"黑话"（圈内独有的语言）。这类社群适合和兴趣相关的产品商家去组建，比如文化体育、娱乐休闲、旅游美食。只要能和人的兴趣爱好相关联，就可以组建兴趣爱好社群。这类社群建群引流名正言顺，而且重垂直，容易打消隔阂，还会自动裂变，最符合社群的同类属性，标签明确、显性。

对于运营者而言，运营这类社群要做的就是精准锁定目标用户的兴趣爱好，并投其所好。

2. 同需——产品消费类

如果和兴趣爱好不相关联，那就只能直奔主题——满足某种消费需求。这样的社群标签基于可能的共同需求，比如各种生活必需品或美容、保健、教育之类的产品。这类产品的用户社群基于共同的产品需求，群友的同类属性相对模糊，需要运营人员刻意引导，通过运营来强化热度和黏度。与此同时，产品消费类社群要注意产品选择。适合做社群的产品一般具有消耗性，用户在购买后的一定周期内消耗完，会有复购需求。与此同时，在运营产品消费类社群时需要保证持续输出及培养忠实用户。大多用户进群都是希望在群内获取其在他渠道不能拿到的优惠以及专业知识，所以持续稳定地在社群内发送福利、分享产品相关专业知识，可以维持用户黏性，也有利于培养忠实用户。

以护肤品品牌完美日记为例，当用户进入完美日记的群聊后，会发现群聊内不仅会发送诱人的折扣券，还会分享一些"萌新"化妆必备的知识，所有的妆面及化妆步骤演示都通过使用完美日记旗下产品完成。化妆品对女性用户来说是高频消费品，而完美日记的用户群体主要为学生，他们生活费少，能够花费在化妆品上的金钱有限，而且一般为"化妆小白"，对化妆步骤及妆面设计等知识都不太了解。完美日记运营者在群内发放折扣券，教授群友化妆小技巧，能够快速培养品牌忠实用户，并且刺激不太活跃的用户参与。

3. 同行——交流成长类

交流成长类社群主要通过周到的社群服务和内容输出来提升微信

群的核心价值，将社群信息、社群服务、内容输出和商品营销相结合，最终构筑一整套立体化的生态运营体系。这类社群适合工业品和项目类效能型产品商家。这类产品不大可能通过社群的组建和运营直接产生销售，因为组建社群的目的是为了提供价值、增进感情、获取信任，然后促进社群外的成交。所以这类社群的功能就是基于用户的共同行业、职位、职业，提供相互交流的平台和成长的机会。比如不同目标用户单位的采购人员、HR人员以及不同公司的老板们（见图3-3）。

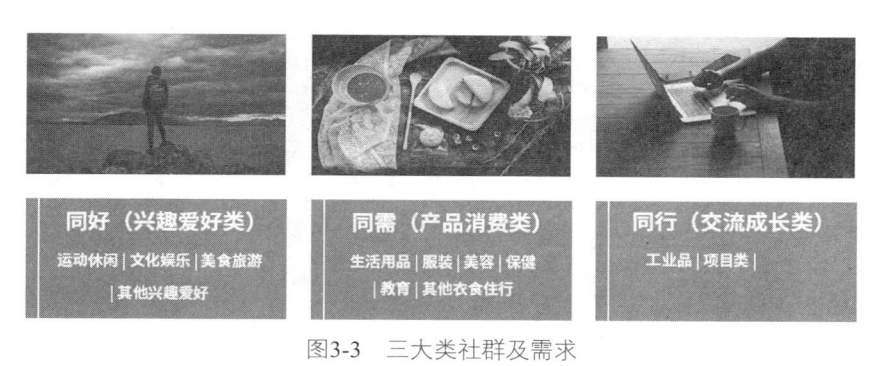

图3-3　三大类社群及需求

3.4.2　兴趣爱好类社群运营

1. "玩家思路"让群友痴迷

同好兴趣类社群可以从"两个人群"和"一个角度"去运营和发力。第一个人群是爱好者群体，第二个人群是准爱好者群体；"一个角度"是师傅和徒弟的传授和认证体系建立的角度。很多兴趣爱好类社群只在爱好者群体中发力和运营，而忽略了"门外汉"群体，殊不知更多的消费是由新入门的所谓"菜鸟"们带来的。这就好比活血和造血，如果运营者能源源不断地培养新的用户，那就是运营者的消费增量，而爱好者群体只是运营者的消费存量。针对已经入门的人群，运营的重点是设法把每个人打造成顶级玩家，让用户越来越会玩，越来越着迷。围绕这样的思路，可以从三个方面设计活动：提技能、晒装备、树大师。

1）提技能

这点很多群主都知道，就是切磋和交流兴趣爱好的技术、技能、资讯等，可以由群友相互交流和探讨，也可以由组织方分享专业的知识。可以设置"每日一技""每日资讯""每日一问"等固定栏目，若想要尽可能调动群友的积极性，可以让大家轮流来"值班"提供内容，让每个人都有炫耀自己水平的机会。

例如在渔具产品的兴趣群，可以为钓友组织固定栏目，让他们轮流提供内容。"每日一问"是最容易激发群活跃度的栏目，问题可以通过群接龙小程序预先征集。只要是钓友，每个人都会有几十个问题希望得到高手指点，组织方只需要每天挑选合适的问题，在固定的时间抛出来，一定能激发大家踊跃讨论。这种栏目的关键作用是给高手们提供炫耀性分享的机会。如果能激发不同性别的群友们一起讨论，那高手们就更加神采飞扬了。如果没有自发讨论，还可以安排几个运营"小号"在群里激发活跃度，也能够达到同样的效果。

2）晒装备

除了交流切磋，第二个关键办法是设法让群友们"晒"各自的装备，这是促成交易、激发大家购买的关键动作（见图3-4）。设计和策划各种活动尤其要鼓励高级玩家"晒装备"，让他们经常体验分享的美妙感觉，结果就是人人都有动力去升级自己的装备。这是玩家容易提高消费的根源。所有顶级玩家都会想方设法省下其他不必要的开支，买下自己心仪的装备。这样的痴迷玩家，大家在生活中可能都有所耳闻：某音乐爱好者从不铺张浪费，耳机却有五副，从几百元到几千元不断升级；某骑友平时都是挤公交、地铁上班，买的自行车却八千多元，而且这已经是第三辆了……

策划活动可以围绕新品介绍、装备挑选指南、装备使用经验分享等主题进行，很多装备的交易都是通过向玩家不断普及知识、不断分享体验，让玩家产生目标感和对美好体验的向往来促成的。这种目标和向往的驱动力比任何优惠券的力量都要强，玩家会想尽办法达成愿望。

图3-4 群友"晒"的相机装备

3）树大师

在群友们交流切磋和"晒装备"的过程中，自然会出现高手和顶级玩家，我们的社群活动要设法给他们提供舞台，让他们成为"群红"，成为"高委会"（高手委员会的简称），成为大家的偶像。让他们有足够的存在感、成就感和满足感，才能留住他们，让高手们发挥更多的示范效应，带动整个社群的活跃氛围。

兴趣类社群的号召力很大程度上就取决于这个群的高手有多少、水平有多高，他们的参与度和活跃度直接决定这个社群的热度。

可以通过固定栏目来树大师，例如"高手答疑"，成立高委会作为本群的最高决策机构。由高委会成员一周一次轮流答疑，相当于高手一周一次展示，接受万众敬仰，进行全群"布道"。这对于玩家来说，是最高的荣誉和最大的享受。之后还可以把答疑的精彩语录整理后通过公众号发布，配上他们的照片和光辉的玩家历程介绍等内容。

2. 牢记建群初衷

对运营者而言，无论发生什么事都不能忘了这是营销群，创建群聊的目的不单单是满足群友的兴趣需求，更重要的是变现。从建群的第一天开始，群主和运营人员就要牢记使命：培养兴趣爱好是路径，通往的终点是产品销售。所以群名称就要在最前面挂上商家名称，时刻提醒自己，更是提醒每位群友：本群是商业性质的社群。这样定位后，时常介绍一下公司上市的新品、办一次促销活动、花式发一些代金券，就是理所当然的了。

3. 让"门外汉"进门才能放大市场

其实更大的市场来自"门外汉"，所以兴趣爱好类社群的运营重点要放在如何培养更多的兴趣爱好者，而不是等待兴趣爱好者进群。就像所有的知名跨国消费品公司都会培养自己的用户一样，"一切从娃娃抓起"就是这个道理。锁定目标人群，制订培养计划，成功让他们入门是这类社群运营的思路。具体的策划可以从以下五步来实施：塑造期待、乐趣分享、入门福利、启蒙教育、成功入门。在此之前要做的是给用户"画像"，锁定目标转化人群，例如文化艺术、休闲运动类消费品的目标人群可以描述为有闲暇时间、有一定消费能力、追求生活品质、想扩大交际圈的人。

1）塑造期待

锁定人群后，第一步就是通过群友带动或者策划方案引流，塑造期待。通过高手的宣讲或体验的展示，由专业人士来主持分享活动，让"门外汉"充分了解培养这个兴趣爱好的所有"高级"的意义和能够带来的益处，例如不同于一般的运动，这项运动能够带来什么样的健康体魄、健美体型、良好状态，甚至可以增进夫妻感情、扩大社交圈、带来业务或生意，等等，符合用户对美好生活状态的向往。

2）乐趣分享

接下来就要邀请群内的高手现身说法，分享这个爱好的无尽乐趣，相信讲述亲身经历的故事对于这些高手来说必定如数家珍、滔滔不绝，言无不尽。经过前面的期待塑造，"门外汉"已经"想入非非"了，再经过高手的乐趣分享，更是跃跃欲试。

3）入门福利

再接下来就要设置场景、安排活动，让"门外汉"亲身参与。不管是插花、烘焙、绘画，还是乐器、品酒、各类运动，都可以设法让新朋友亲身体验其中的乐趣。这一步的关键是活动设置要简单且容易上手，让新朋友有成就感又意犹未尽。每次玩家的活动，一定要策划让老朋友带新朋友过来参与的环节，设置各种对老朋友的拉新奖励和针对新朋友的优惠和体验活动。

4）启蒙教育

体验后就要开始邀请新朋友参加初级培训，可以象征性地收费，但不以营利为目的。这样的培训应定性为分享活动，不一定要增加难度，老师可以是高委会的高手，要让新手感觉这件事挺容易，学到了就想去尝试，那么自然就会去置办装备，一试身手。

5）成功入门

被顺利引导走完这几个步骤的，自然就成为群里的"新同学"啦，他们在潜意识中已经做好了为这个新兴趣消费的准备，甚至会主动请高手开装备清单。这时商家再适当地做一些促销和优惠活动，就能顺利提高客单价。而且新手一般没有挑选的意识，对一切都充满着好奇和期待。

4. 认证体系——社群商学院

社群运营在这个时候就基本形成一个闭环了，徒弟（新手）入门后不断地跟着师傅们（高手）学习精进，提升技能、切磋技艺，运营人员还要激励他们晒各自的装备，引导他们把目标定为晋升名人堂——高委会。此时高委会成员就有资格去给群友开讲，给新手开班，炫耀自己的高超技艺，成为最有黏性的用户。这时就需要引入培养和认证体系，建立社群的技能标准，并开设相应的培训课程以及建立从初级、中级到高级的考核体系。培训课程可以收费，也可以免费。当然这只是一个荣誉体系，如同打游戏升级一样，为的是增加仪式感，让玩家玩得更投入、更有趣味。这样整个社群的驱动体系就建立健全了。

3.4.3　让群友产生时间记忆的经典活动

1. 兴趣社团

兴趣社团为兴趣相近的成员在不影响日常生活的情况下组成的社团，群主可以定期邀请群内成员分享自己近期所学到的与兴趣相关的知识。如果群成员的主要构成为家庭主妇，她们的爱好为做饭，那么就可以鼓励群成员在群聊内多多分享自己做饭的成果，管理员或者群主可以适时在群聊内分享各大平台的优质做饭视频。在选择视频时运营者需要迎合群内成员的喜好，如果群内成员大多喜欢简单的技术型做饭教学视频，就可以分享美食家王刚的视频；如果群内成员喜欢陶渊明"采菊东篱下，悠然见南山"的生活型做饭视频，就可以分享李子柒的视频；如果群内成员喜欢简明欢快、娱乐型做饭视频，就可以分享绵羊料理的"相声视频"。总之，在运营过程中一定要迎合群友喜好。

2. 今日一问

今日一问所问的问题涉及领域广泛，可以是生活问题、工作问题、趣味问题、创业问题、热点类问题、知识性问题。好的问题是精彩的开始，每天坚持问问题，既能够与用户形成互动，又能满足用户的求知欲和窥探欲。在建立社群后，可以用群接龙的方式征集相关问题，每天根据群员的问题在群内做出解答，在为群员答疑解惑前单独"@"（即提醒某人注意）提问者，让他阐述提出问题的由来。

3. 今日美拍

"食色，性也。"爱好美好的事物是每个人的天性，在群聊内分享每日的妆容照片和优美景色可以吸引用户长时间驻足。女性用户喜欢拍照分享后获得大家的称赞，而男性用户喜欢过过眼瘾。

4. 今日看点

运营社群其实运营的是用户的时间，就是帮助用户打发闲暇时光，同时相互产生价值。一日之计在于晨，早晨是帮助用户培养习惯的最好时间。今日看点这部分便是分享今日发生的重大新闻，其本质是将媒体的方式、思维用到社群中。社群是连接人与人的，"有人的地方就有江湖"，社群里经常会发生一些故事，国际上也不乏当日新闻，将与社群相关的新闻与故事编辑整合在一起引起群内好友共鸣是早间看点的价值。在做群今日看点的时候，不要做得特别长，也不要超过五条，否则信息量会太大，让许多用户产生畏难和退缩心态。每条内容总体字数限制在三百字内，使得用户可以利用碎片化时间打开群聊并读完今日看点。不仅如此，在发布今日看点时，要带有社群的供求信息。如果你所运营的是股票研究群，那么在分享每日新闻时，可以适当将股市信息的占比提高，分享"美股熔断""A股……""……股跌停"等重磅内容。

5. 今日分享

今日分享的内容可包含微课、社群内举办的一些团购、竞赛和讨论活动等，分享时间由运营者决定，最好是下午五点半以后，即大部分人下班后。疲惫一天的人们在这时基本上没有分享欲望，所以需要运营者主动挑起话题，主动输出。而且在群员稍有些疲累时分享微课，并强调限时促销，许多人会不做过多思考就下单购买。

6. 今日总结

今日总结也是晚间必备，由运营者组织。在这个环节，运营者可以总结这一天群成员的行为，点名表扬活跃人士、群内好人好事、群内干货分享，为群友分享一些正能量事件，打打"鸡血"。

7. 小组节目

小组节目是群友展示才能、拉近距离的大好机会，适当在群内邀请群友分享展示才艺，会使群内氛围变得融洽。这种小组节目与公司年会是同一种性质，目的都是增强成员的凝聚力。

8. 今日一技

活到老，学到老。人每天都要与昨天不一样，每天都要学点新技能。社群建立初期，群主可以主动分享所学技能，带动群内成员分享。当你做PS教学集训内容时，可以每天在群内分享修图的小技巧，鼓励群内成员分享今日所学，目标是使群内聊天内容相对积极，用户每天都可以在群内学到小知识、小技能。

9. 周冠军评选

周冠军评选在于奖励一周内最活跃的群友或为群聊建设贡献最多的群友。周冠军的奖品可以是群内销售的产品或赞助商提供的商品，评选结果可以在公众号发布。

10. 一周一直播

直播的本质是将产品通过镜头展示给用户，拉近与用户之间的距离。以卖产品为主的直播重在介绍产品，如淘宝直播、抖音带货直播。李佳琦等头部主播在直播的大部分时间都在介绍产品或者与"粉丝"聊产品。以拉近与"粉丝"之间的距离、塑造个人形象为目的的直播活动，主播大部分时间都在回答"粉丝"的问题，并且介绍自己的生活。例如有些明星在跨年直播中分享自己的生活，甚至在直播过程中做起了"吃播"，积极回复"粉丝"提问。明星通过直播拉近了与"粉丝"的距离，让"粉丝"看见自己的真实生活和性情。一周一直播重在让用户记住产品或者对主播及品牌产生持续兴趣，直播内容设置应明确目标，目标是介绍产品的，直播的主要内容就是产品介绍；目标是加深群内用户对群主认识的，就可以直播群主生活及工作过程，可以参考"引流篇"的个人IP打造部分的内容。

3.4.4 "死群"激活小技巧

1. 通知必达两招

1）改群名

改群名为通知必达第一招，群主修改群名后会在群成员聊天消息列表中出现提示，会吸引成员进群查看。在想新的群聊名称时可以通过以下两种方式取名。第一种方法是从现成的核心源头延伸出来，特点是与核心源头息息相关，从名称上并不能看出特别具体的信息。如从灵魂人物延伸：罗小黑的养生比命久群、少爷家的斯莱特林学院；又如从核心产品延伸：米粉群、魅友家。第二种方法是从目标用户着手，想吸引什么样的用户群体，就取与这个群体直接相关的名字，从名称上就能看出这个群聊是做什么的。在取群名时应该注意让用户方便记忆、寻找，不要出现生僻字。

2）收到回复"下午三点有福利"

改群名后，及时在群内发布公告，告诉群内的"僵尸粉"，下午三点有福利，让收到通知的群友回复"下午三点有福利"。"下午三点有福利"这句话包含两个信息点，一个为具体的时间点——下午三点，一个为吸引群友的诱饵——福利，两者结合，简单明了，能够吸引一部分爱占小便宜的群友关注下午发福利的活动。而且回复内容便为活动内容，让不喜欢"爬楼"翻消息的群友也能快速了解活动并由于从众心理而参与活动。

2. 红包玩法"36计"

红包的本质是钱，是人性弱点中的一点。红包在一定程度上激发了人的内在欲望，调动了人们参加活动的积极性，这也就是为什么人们即便只抢了几毛钱也会十分开心，也是三大电商巨头不惜投入大量资金补贴用户的原因。红包、砍价、抽奖等都是利用了人性特点。微信红包将传统的红包习俗搬到线上，为大家提供了便利，但是只是发红包并让用户无门槛地抢红包，并不能长久调动用户积极性，大家抢了红包便会关闭群聊，毕竟无门槛抢红包没有让用户相对长久记忆的点。下面提供一些红包的改进玩法，以供参考。

1）颜值红包

测试颜值、外貌年龄等经湖南卫视王牌综艺《快乐大本营》的传播为许多人所知，许多美颜相机也含有这些功能，我们可以将这个功能运用到红包上。毕竟人们对外貌总是很在意的，你可以设置一个红包的颜值门槛为60分以上，用户在领取红包时需要上传一张自拍照测试颜值分，只有满足颜值条件的用户才能领取，系统测评颜值不够的，会弹出遗憾等文字提示。当领取门槛设置为颜值时，大部分爱美的女士都会使出浑身解数拍出或修出最好看的照片，当女用户投入相当长的时间在一张照片上时，照片和红包便被赋予了新的意义，她可能会在群聊中反复查看多次。对于男性用户而言，颜值红包给予了他们观看美丽照片的机会，点击群聊反复查看的可能性也会增大。

2）转盘红包

转盘红包是一个透明红包，运营者在抽奖之前会将红包金额展示给用户，让用户靠运气或者长按力度值获取红包。眼睁睁看着错过大奖，对用户的神经而言是一种难以忍受的刺激。

3）特效红包

微信在2018年年底开通允许企业微信申请红包封面的功能，当你向其他好友发微信红包时，红包样式和拆开红包的图片可以自定义成企业的。特效红包形式较为新颖，鼓励多多使用。

4）邀请红包

微信群中经常有邀请多少好友进群就发多少红包的活动。其实完全可以由系统设置一个数额，达成目标自动开红包，或者一个人邀请多少好友进群后自动获得红包。邀请红包适合于群聊创建初期使用，目的在于用红包激励已有用户裂变产生新用户。

5）签到红包

签到红包有利于培养用户习惯。这类红包不仅适用于社群，同样也适用于公众号。这种红包同样被拼多多、微博等App用于培养用户黏性。

6）点赞红包

这种红包与携程旅行拉好友助力抢票类似。携程旅游帮你快速抢票，你拉人带流量。作为社群运营者，你可以自己设置任务，在社群内发送一个点赞红包，设置点赞到一定人数自动解锁红包。

7）手气红包

这是随机红包的一种，但这种红包只有一次参与的机会。要么靠抢，要么靠运气捡漏。比如说运营者用6元钱发送6个红包，前面五人总共领取了5.99元，那么剩下的一个红包一定是0.01元，这个结果是确定的。如果善于创新，其实手气红包的玩法可以更加刺激一点。抢红包的时候可以设置只出现两个或者三个真正的红包，剩下三个或四个是空包。

8）拼图红包

设置指定时间内完成拼图即可获得相应红包，也可以设置按完成的先后顺序获得红包。拼图可以适当植入广告，如自己的个人微信二维码、产品照片或活动海报。

9）口令红包

口令红包常见于微信公众号。添加个人微信或企业微信为好友并回复关键词获得红包，或者在微信群内的重要节点发口令红包。

10）猜红包

你可以设置一击必中或者选择猜得最接近的用户获胜，这种红包需要限制猜测次数。比如，你可以设置一个红包的金额为66元，并提示用户金额为50~100元，然后让用户参与猜红包。

上述只列举了十种红包类型，你可以根据红包的使用目的及受众创造新的玩法，例如：以声音为领取门槛的声音红包；以学读绕口令为门槛的语音红包；以音量为门槛的音量红包；支付宝集五福类型的集红包；增加用户阅读量的阅读红包；用于设置群内好友身份的身份红包……红包类型多种多样，多思考你想要通过红包获取怎样的效果，在传统红包的基础上进行创新，你一定可以找到适合的红包玩法。

3. 骰子游戏最活跃

投骰子游戏简单易上手，许多人都喜欢。微信自带掷骰子功能，它隐藏在微信表情菜单的最后，石头剪刀布旁边的便为掷骰子功能。群主先掷骰子，出现点数后，其他人开始掷，谁第一个掷出跟群主一样的点数谁就中奖。由于群成员手机硬件和网络软件差异，群消息会有时间差，因此，我们一般以群主截屏为准。掷骰子还可以比点数，玩单双，群规明确、统一号令就比较好操作。

4. 有奖竞猜无处不用

有奖竞猜在实际运营中有两点优势，传播度广、品牌曝光度大。

有奖竞猜利用用户的侥幸心理，常出现在体育、竞技领域。2010年南非世界杯半决赛，西班牙球队对战铁甲德军，两大王牌球队对阵，激起球迷无限猜想，赛前球迷纷纷参加主办方设置的有奖竞猜活动，为主办方的赞助带来极大流量和曝光度。在社群内举办竞猜活动，竞猜内容可以为活动产品竞猜、公司上市时间竞猜、产品材质竞猜、创业故事嘉宾的学历竞猜、代言人竞猜等。竞猜问题多种多样，但竞猜内容的设置应与最终目的相关。当你想要卖出产品时，竞猜内容可以为产品价格和产品材质，在竞猜时顺带给产品打广告；当你想要巩固"粉丝"基础时，竞猜内容可以为创业故事嘉宾的学历或代言人身份，在竞猜时给用户植入品牌价值观，赢得用户认同。

5. 幽默问答有题库

问答常用于群内互动及"知识种草"，问答语言最好幽默、有趣，问答题库应该与产品挂钩。这里以美容院问答为例，其话术应该为："各位群内的小仙女们，下午好呀，下面开启今天的有奖问答，本次问答总共六道题，全部答对者可以享受价值200元的去角质服务，各位小仙女要打起十二分精神呀！仙女们知道美容觉时间是几点吗？"

这样的问答话术紧跟时代，"小仙女"一称夸赞用户，拉近用户与商家距离，让接收信息的用户觉得运营者性格讨喜、有趣。

3.4.5 搭建超级平台

2019年中期，互联网"女皇"玛丽米克在一年一度的《互联网趋势报告》中提到了一个现象——超级平台的形成，比如阿里巴巴旗下的支付宝、腾讯旗下的微信、美团。伴随着超级平台的形成，根据超级平台所形成的用户聚集地也逐渐展露雏形。

1. 平台类型

1）互助平台

2011年，国内首家网络互助平台诞生，其诞生目的为让人们互相帮助、共度人生难关。平台运作方式一般为，会员交会费组成互助金，患病成员患病期间可以利用互助金进行治疗。与保险原理相似，但是这种互助平台是基于平台创建的社交圈。

2）组建兴趣小组

兴趣小组这个概念多次提及，这里就不再赘述。

3）正能量打卡群

这种打卡群是无数学习类App的私域流量聚集方法，笔者较为熟悉的为网易有道词典打卡群。该打卡群成员为网易有道词典的会员用户，会员可以免费参加为期约一个月的听力训练营，在训练营中每天都有新的课程和文案供群成员学习，同时网易有道词典开发了一个答题打卡小程序，会员完成课程后，在小程序中答题打卡，微信群中运营者会时刻督促群成员打卡并答疑解惑。

4）置换活动

置换活动说明白点便是跳蚤市场，只不过交换品换成了等价物品而不是钱这个中间流通物。与这类置换群相似的便是大学的跳蚤市场，大学的跳蚤市场以学校为范围，这里以群聊为用户交易聚集点，卖家在群内发布想要出售的产品，买家在群内寻找适合自己的商品。群聊内置换活动可以促进群友互动，也能帮助群友处理生活中不需要的物品，可谓一举两得。

2. 异业结盟创造价值

异业结盟又称异业联盟，英文名为Horizontal Alliances，释义为水平结合，指产业间并非上下游的垂直关系，而是双方具有共同行销互惠目的的水平式合作关系。凭借彼此的品牌形象与名气，来拉拢更多面向族群的客源，借此来创造双赢的市场利益。异业结盟，可以是不同行业、不同层次的商业主体的联合，也可以是同行业各层次不同商业主体间的联合。联盟的商业主体之间，既存在竞争，又存在合作。合作共赢，是异业结盟各商业主体的共同目标。

异业结盟作为一种创新的商业模式，是一种利用虚拟平台进行的商业资源运作。作为一种商业模式，异业结盟具有以下几个好处：一是可以让各结盟商业主体之间实现资源共享、信息共享；二是可以让各结盟企业之间的业务关系更加紧密、相互支援，创建一个支持共赢的成果系统；三是结盟者间大量的信息流通使得各商业主体知名度和品牌得到相互反复的传播，使广告效应突出；四是可以让结盟者的影响力在更大的范围内扩散，使得其经营成本下降。

3.4.6　社群裂变

社群裂变是扩大传播层级中必不可少的部分。其含义可以拆解成两部分理解，一部分为社群，广义上的QQ群、微信群、豆瓣小组、微博超话等都属于社群，这是一群有组织、有相同特征的人的聚集地；另一部分为裂变，裂变在物理学中指的是一个原子核被轰击后分裂出两个到多个原子的过程，在营销中称这种病毒式增长新用户为裂变营销。老子在《道德经》中言道，"道生一，一生二，二生三，三生万物"，万物增长都由简单开始，裂变是一种增长、变化的模式。总结起来便是，社群裂变是通过社群方式完成用户高速增长的模式。

1. 流量品裂变

以转化为目的的裂变可以利用流量品。流量品指的是利用低价格或便利吸引消费者的商品。通过流量品吸引到用户流量，再通过其他利润品赚钱。如你的职业是PS授课师，在互联网上可以通过加好友免费分享简单的PS教程吸引新用户。这种裂变模式利用了用户爱占小便宜的心理，但由于流量品的选择与后续所需要卖出的产品相关性高，所以适合于用作用户转化。

2. "诱饵"裂变

"引流篇"详细介绍了"诱饵"裂变。"诱饵"裂变的重点在于设计诱饵和海报制作。有吸引力的"诱饵"能够帮用户解决各种问题并且价格低廉，海报上印有大标题，直接告诉用户能够帮用户解决问题、快速提升技能，并且用户可以以超低价享受服务，与此同时，还有权威机构背书。

圈外同学在石墨文档中吸引了一波"粉丝"，其方法为，小横幅广告标明，圈外同学出品的原价199元的个人能力提升课程现在可以免费领取。"免费"字样刺激消费者，自我提升课程十分具有吸引力，原价199元与限时免费的落差促使消费者加入圈外同学课程。

在设计"诱饵"时要确保"诱饵"符合以下四个原则：第一个原则是确保"诱饵"是用户真实想要的。如何判定选择的"诱饵"是否是用户真实想要的呢？其实完全可以从企业的产品中去选择，选择那些销售得比较好的产品、服务，或经过市场调查后明确准备打造爆款的相关产品或服务。第二个原则是确保"诱饵"与企业业务息息相关。为什么要选择与企业业务相关的"诱饵"呢？因为裂变的人群跟你的企业业务相关，才能够在未来转化成你的终身用户。举个比较夸张的例子：假如你是做宝妈服务的企业，结果设计了一个送营销课程的活动，活动结果不会很好。即使活动很火爆，但是吸引进来的人大多是做营销的，很少是宝妈，那么还如何进行后期的转化？第三个原则是赠品真实可控。虚假活动会让消费者产生不信任的心理，当消费者产生不信任的心理，那么后续的转化及成交都是空谈。第四个原则是诱饵的成本低、数量多，这是控制整个活动成本的关键。如果赠送的产品成本过高，特别是实物类产品，还需要算上运费，那么需要助力的人数必然就比较多，这将会大大提高用户参与活动的门槛。一般建议实物类产品成本不超过15元，算上运费不超过20元，邀请人数可以设置在4人以上、10人以下。当然，最好的"诱饵"还是虚拟产品，比如电子书、线上培训课程，几乎没有成本，数量还能够设置为无限多。数量多能够让活动持续进行，以达到指数级裂变效果，否则都还没裂变开来，赠品送完，活动就结束了。

3. 道具裂变

道具裂变的核心是拉用户获取积分，用积分兑换道具（产品）。例如电商平台推出积分换水果活动，领水果的方法有两种，一种是简单但耗时长久的方法，每天定时定点上线给虚拟水果"浇水"获取积分；一种是速度较快的方法，需要用户将领水果链接分享给亲朋好友，链接被点击，该用户便可以得到额外积分，新用户点击产生比老用户点击产生的积分高。这种裂变不仅让用户形成分享习惯，还让老用户回归、新用户注册，一举三得，是一款投入少、收获高的获客方法。

4. 红包裂变

红包裂变利用了人性中的贪财心理，以金钱为诱饵，诱使用户拉新用户。这里以前文所述微信小程序——点赞抽奖为例，这种红包裂变多用于公众号，公众号号主发布抽奖，抽奖用户可以通过拉新用户参加而获得更大的抽奖概率，新用户参加抽奖需要关注公众号，这种红包裂变不仅给公众号"粉丝"发送福利，让他们更加忠诚，还获取了一批新用户。

5. 集赞裂变

集赞裂变与红包裂变流程相似，同样是有一个诱人的"诱饵"，只有分享到朋友圈中集满一定的赞才能参加活动。这种裂变方式常用于售卖有用课程，细心观察并记录的人可能会发现，朋友圈中集赞的内容多是英语学习、Python学习、运营模式学习等，这些有关学习的课程的集赞裂变活动比较不惹用户心烦，因为和学习相关的分享会显得用户生活积极、不断进取、活到老学到老，给用户塑造了正面形象。

6. 拉票裂变

拉票裂变常见于车票加速抢。每到春节或者暑期大学生回家返校时，携程旅游的抢票加速链接就会在各个群聊中出现，大家都想快点抢到票回家，于是会不遗余力地分享，这种分享让不知道携程旅游的人通过社交圈不得不了解携程旅游，甚至会迫于人际交往关系而成为携程旅游的注册用户。

7. 打卡裂变

随着各大产品对用户留存运营的重视，打卡签到功能可谓人手必备的功能之一。目前的打卡形式多种多样，有签到打卡、内容打卡、拍照打卡、跑步/任务完成打卡等等。万变不离其宗的还是"利益点/价值点+行为养成",其目的是增强用户黏性,减少用户流失。打卡不只能减少用户流失,还能帮助运营者拉新裂变,而想要利用打卡进行裂变则需要运营者掌握一定的方法。

1)提高参与用户数量,让用户第一眼就能被吸引、参与其中。

提高参与用户数量的方法有以下三种。第一种是将打卡设置为自动的,把被动打卡变成主动参与,自动打卡的设计不仅优化用户交互步骤,还能节省用户时间。去除助力者页面,让助力用户在助力的同时无形中参与活动,减少用户选择时间直接参与活动,与之前的"帮忙助力完就走"模式相比,改版后助力用户的参与感更强,有效降低这部分用户的流失。第二种是通过用户画像设计奖品激励机制,调整页面结构信息布局,突出优惠重点,明确打卡奖品,强化突出奖品区,让用户一眼就看到利益点。对于价格敏感型用户,没有什么比钱更有吸引力的了。突出打卡领券、送优惠的省钱专区,让用户第一眼看到就有参与的动力。第三种是探索用户点击欲,寻找有效的表达形式,即根据市场上的流行的元素设计用户喜欢的文案表达方式和图片风格。

2)丰富产品玩法逻辑,增加用户黏性的同时激发分享动力,触发用户多分享。

根据艾宾浩斯遗忘曲线可知,第三天、第六天、第七天是人在接触新事物后达到的遗忘点最低值,在合理的时间给奖励刺激,更容易培养用户连续打卡的行为习惯;同时随着连签天数越多,奖品力度越大,这给予用户充分的动力。对于一部分真的遗忘的用户群体,可以设计补签的玩法,但补签卡是有偿的:需要分享活动,邀请好友参与打卡才能领到；在满足用户的同时也满足运营者的目标需求。用户在首次打卡分享回来后，给用户弹二次分享的弹窗；通过奖励+弹窗引导，重复给用户灌输分享获得更多奖励的概念，把运营者的诉求配合用户需求第一时间同时传递给用户。数据显示，用户行为会因此而多分享一步，带来一部分有效转化的新用户。

8. 分销裂变

营销大师菲利普·科特勒说，分销指的是某种商品或服务从生产者向消费者转移的过程，帮助其所有权转移的企业和个人都是分销渠道。简单来说，分销便是通过将商品分发到更多渠道来增加销量的行为，分是方法，销是目的。分销在当前互联网上狭义的含义就是用户通过社交关系链的分享，帮助平台提升销量并赚取订单收益的模式。分销作为社交电商重要的功能模块，凭借品牌厂商和电商平台一键代发的模式优势，无须分销员采购囤货，降低了渠道货品积压的风险，提高了商品的流通效率，可以快速获取大量的分销员用户。而且分销凭借的是社交平台的熟人关系链，运营者可以运用分销这种形式完成裂变拉新。任何产品营销最重要的都是对目标用户进行精确的分析，分销也不例外，虽然分销是一个参与门槛低的运营功能，但并不适合所有的用户参与，所以有必要对目标用户进行分层。

在利用分销进行拉新时，运营者要注意选择特定的分销人群，根据商品属性，遴选优质的目标用户进行分享，并通过设计相应的激励政策来推动分销活动持续开展。而且由于分销裂变是基于产品的裂变，所以运营者需要根据不同的活动阶段主推不同的商品，为分销活动造势。例如，启动期主推低价、高毛利、复购率较高的商品，可适当增加单品的分佣比例以拉升爆款的销量；中后期可着重推广高价高毛利、易于推广的产品。由于分销模式的特殊性，低毛利商品将使分销员获得较低的分佣，影响分销激励，因此不建议作为主推的商品。

案例分享

自2016年"知识付费元年"起，也就是从得到App、知乎live、分答等不同模式的知识付费类产品在市场上崭露头角开始，知识付费成为一种重要的发展趋势，与之相关的内容创业成为风口。知识付费有一个非常大的好处，即利用知识不对称性，抓住人们对名人或专业人才仰慕的心理，给人营造出拉近彼此之间距离的感觉。教育类社群便是知识付费行业中的一类社群。教育类社群获利十分依赖于用户基础，因为知识类付费与娱乐向付费完全不同，获取知识本就是一件相对痛苦的事，用户为此冲动消费的可能性较低，因而知识付费的定价处在两个极端，要么为了吸引流量而设定较低的价格，要么为了筛选出核心用户而设置高价格。

在教育类社群裂变阶段，运营人员通常设置免费的流量产品以吸引用户，毫无疑问，免费的流量是最大的，免费可以吸引许多用户。但现在免费课实在是太多了，而且零元课吸引来的用户，特征相对不明显，后期需要投入大量的人力物力去做筛选及转化服务，最后的转化率可能不到50%。当你觉得自己很缺流量的时候，可以去做零元课，甚至必须做零元课。但当主要的课程具有一定的流量基础时，运营人员通常要采用流量品付费的形式进行裂变，当然，价格一定不要特别高，一般的价格设置在0~60元，因为现今用户的微信钱包中大多会有

60元的余额,一般价格在60元之内的付费,用户大多是没有任何感觉的。而且小金额的付费可以有效筛选出一部分有付费意愿的用户。

3.4.7 社群运营要有"三感"

社群运营有三个要点,第一为仪式感,第二为归属感,第三为存在感。这三种感觉将用户的心留在群聊内,让用户心甘情愿参加社群的运营活动,让每一位参与社群活动的用户找到归属感。

1. 仪式感

在入党之前,会进行宣誓;加入新的团队,团队会举办迎新会;家庭有新成员降生,会举行生日派对,仪式感基本存在于任何一个以人为构成的群体当中。法国童话《小王子》中提到,仪式感就是使某一天与其他日子不同,使某一时刻与其他时刻不同。仪式感会让人记得平淡生活中不一样的闪光点。在社群运营过程中,运营者需要设计不同的活动让群友参与群聊的过程充满仪式感。

1)新人进群

新人进群一定要迎新,迎新话语可以简单,但是心意一定要到位。当群内比较沉寂时,适当使用专业团队成员进行互动。以完美日记为例,他们和社群内有一套完整的迎新体系,每当有新人入群时,群内活跃用户便会发消息说:"姐妹,超级欢迎,群内有狼人,小心!"一声"姐妹"拉近与消费者的距离,增强了用户对产品的亲密度、信任度和忠诚度;一句"小心狼人",用网络语言给予用户群内成员很活跃的心理暗示。在完美日记社群内"潜水"时间长后便会发现,起初热烈欢迎新人的"活跃用户"不过是社群内的运营人员。

2）提要求、严群规

没有规矩，不成方圆。一定约束和严格的规则在为群内成员提供有序和谐交流环境的同时，也给每位群友留下较为深刻的印象。在给群成员提要求、定群规时，要求要具体。例如："勿发广告，勿私加好友，违者直接踢出群聊。"这样具体说明要求，并用简洁语言告知群员不遵守规则的后果。

3）今日之星、月度明星人物、电子奖状

你的孩子是否有因在学校表现良好、积极参与班级活动而得到老师奖励小红花的经历？大部分家庭身份为父母的运营者应该都有这样的经历。学校里奖励给孩子的小红花和运营者奖励给活跃用户的今日之星、月度明星人物、电子奖状的性质一样，都是肯定活跃成员对整体的贡献，区分活跃与不活跃的参与者，博取群友关注从而促使越来越多的人参与到活动中，促使团队整体有序、高效运营的方法。

2. 归属感

归属感是指个体与所属群体间的一种内在联系，是某一个体对特殊群体及其从属关系的规定、认同和微习惯。美国著名心理学家马斯洛在1943年提出的"需求层次理论"中谈到，"归属和爱的需求"是人的重要心理需求。这在社群中的表现为认同感、价值感。美国心理学家弗洛姆的《逃避自由》一书中，详细阐述了现代人普遍面临的无归属感。精神上的自由同样使现代人身处孤独与焦虑中，难以向人或事物寄托自己的感情。在社群运营过程中，为用户提供情感寄托，排解孤独可以长时间抓住用户的心。

1）有事情说话

现今，运营类社群越来越多，但是能聊的社群却越来越少。在思考如何让用户有话说之前不妨思考一下用户为什么要加群。假设用户的微信号里面有着各种各样的群聊——公司群、小组群、大学、高中、初中、小学同学群、旅游群、兴趣群、用户群等。从这些群聊出发，我们可以对他的加群动机进行划分：用于感情联络的同学群、用于学习的提升群、用于宣传推广公司产品的用户群、用于社交的人脉群、用于满足工作需要的同事群、用于发展爱好的兴趣群。

总结起来，总共有六种常见动机让用户留在群聊中。群聊中存在一种普遍现象，即在获得目的及不堪其扰的情况下不断进群和退群。但即便不聊天，人们也会选择让那些关于亲朋好友及自身需求的群聊在列表中一直保存，这是什么原因呢？是因为这些群聊让人有一种身处其中的归属感，是因为这些群聊曾经为用户创造了无话不说的交流土壤，是因为这些群聊聚集着一群有相同特征的人，这些特征或为血脉，或为经历，或为爱好。所以当用户在群聊中提问时，请一定及时回复用户，避免用户尴尬，让他产生一种在这里有人陪伴着、说说话、聊聊天、走走心的感觉。

2）创造价值

为用户创造价值是使之产生归属感的一种方式。运营者和用户之间的关系是合作关系，运营者提供产品和内容，用户提供金钱和时间。用户愿意用金钱和时间去换取运营者的产品和内容，说明合作初步达成。在合作中，用户是占主导地位的，因为他们可以在多个社群中做选择，而只有给用户创造更多价值、更加符合用户预期的社群才会更有吸引力。

3. 存在感

哲学家贝克莱曾提出一句概括性的话语：存在即被感知（To be

is to be perceived）。就是说，被另外一个心灵所看见才能证明某事存在。在客观心理学中，社会化的人在进行交往的过程中，有他人对自身行为的回应才能证明自身发出的信号是存在的，信号存在，所以自身也存在。当用户在社群内发消息的时候，其实并不是发布消息这个动作有存在感，而是别人积极的回应、热烈的评论使得用户体验到他们自己的信号是真实的，他们才会获得存在感。因此，给用户提供存在感一定要注意积极回应。

1）有人发言就要回复

群内有人问问题或者发言最好有人回复。许多小孩子喜欢在下雪天时在雪地上踩出自己的足迹，"踩"这个动作是小孩子发出的信号，如同在群内提问或者发言的群友一般，发言是群友发出的信号。"痕迹"是外界对于小孩子的回应，当小朋友看到自己的足迹时，确认了自己的动作，证明了自己的存在，也就获得了存在感。同理，群聊内有人回复才算是证明了群友的存在，才会让发言人感到温馨，他才会获得存在感。在回复群友发言时不妨使用上文提及的微信中的功能——引用功能，针对性地回复群友发言，进行有效互动。

2）公开点赞、提名、表扬

有研究表明：当一个人被当众表扬的时候，他会产生一种优越感，增强自信心，提高工作效率。公开点赞、表扬不仅会提高被表扬者的存在感，还会激励他更加积极地参与到群聊中。

3）私信表扬互动

私信表扬互动适用于被表扬者相对比较内向或者容易自满的情况。当对方是一个比较内向的人，在群内的发言往往以"打扰一下""请问"等开头时，说明对方很有礼貌且不喜欢麻烦别人，对这种群友，公开表扬反而行不通，最好私下装作无意地提点一句；当对方是一个容易满足的人时，公开表扬会让他洋洋自得。

4）朋友圈互动

朋友圈由于其私密性，互动十分容易让用户认为双方关系维系得不错。可参考一些明星的微博，尽管微博为公共社交场所，但由于多年来"粉丝"和偶像地位的不对等，很少有明星在公共场所回复"粉丝"。暂且可以将明星微博与"粉丝"的互动当作朋友圈中运营者与用户之间的互动。有些明星的博文在微博App中是一股"清流"，"粉丝"黏性不错，因为他们不走"高冷"路线，经常现身评论区与"粉丝"打成一片。但仔细观察，得到回复评论的都是铁杆"粉丝"。经常互动让"粉丝"感觉不像追了个"假人"，而是一个"生活在同一个地球，而不是生活在火星"的人，找到了身为"粉丝"的存在感，使得越来越多的"粉丝"向身边人推荐这个有着人间烟火味的偶像，也让明星的"路人盘"越来越大。多多与忠实用户互动，可以激发用户的参与度，让他们成为在生活中为产品宣传的免费推销员。

案例分享

这里以运营幼儿英语社群为例来分析社群中的"三感"。如上所述，社群中的"三感"为仪式感、归属感和存在感。一般来说，这种以学习为目标组建的社群必须要给予用户足够的仪式感、归属感和存在感，才能让用户更能坚持下去。

在微信群内，运营者与用户的关系不单单是买卖关系，更应该是情感关系，运营者要尽量用社群内的温度替代价格的敏感，使价值从物理层溢出。运营者在运营这类微信群时，需要通过预热短视频，让用户提前了解产品的理念、实力，加强用户对产品的认同感。在推送短视频时要充分考虑宝妈的时间安排，尽量选择宝妈有空闲的时间段推送，这个推送时间可以是晚间10点到11点。除了在微信群发布任务以外，运营者还需要一对一地进行督促和沟通，这样给用户专属服务的感觉，并且群内重要信息容易被刷屏刷过去，一对一的效率更高，用户体验更好。运营者在运营微信群聊的时候要注意每天提醒文案的编写，尽量做到每天都不同，让用户看出每天的提醒文案是精心设计的，比如举例介绍某某妈妈如何坚持，介绍一些小方法，这样不会让用户觉得运营者是机器人。在运营过程中提醒用户将群聊置顶并关闭群消息提醒。实现上述运作后，需要运营者多多开动脑筋思考如何提高用户的存在感。按照上文提供的方法来运作，运营者可以在社群内引入课代表或志愿者，让他们参与到社群的管理中，让真实的用户认同产品，产生情感上的共鸣，这样不仅能分担运营人员的工作，也能协助炒热群内气氛；运营者在运营过程中要积极整理聊天记录，让没有来得及参与的用户快速了解和掌握信息，避免用户等待，产生焦虑。

在课程结束后，可以准备一些电子证书。电子证书一般为两类，一类是针对孩子的毕业证书；另一类是针对家长的荣誉证书。两类证书的作用各不相同。针对孩子的毕业证书可以鼓励孩子，激起他们的学习兴趣，让他们获得学习的满足感，有助于后续课程的售卖；而针对家长的荣誉证书，目的在于激起家长的责任感，让其他没有那么积极参与的家长思考是不是应该更加积极一点、更加努力一点。这也为后续课程转化打下了基础，毕竟作用于孩子的产品最终是由家长敲定并付款的。

上述案例的运营主角为产品侧重幼儿英语教育的宝玩。仔细观察宝玩的所有营销话术及环节设计，可以很明显地感觉到他们十分重视社群内"三感"的培养，这是一个十分成功的案例。当然，笔者作为从业者在看待这个案例时产生的感受，远不及作为消费者参与到社群中的感受，同时，宝玩的营销过于成功，可能不会给看这本书的你留下较为深刻的印象，所以笔者接下来会分享一个自己作为消费者参与社群的经历。

笔者曾经加入过网易有道词典VIP专属的学习社群，这个VIP专属社群中聚集的都是为了应付考试或者想要提升英语听力的用户。在这个社群内有一个专门的运营人员——"糯米团子"。VIP专属社群加入时间截止后，"糯米团子"第一时间在群内@全体成员，希望群内成员关闭群消息提醒以免日常生活被打扰。笔者第一次看见这句话的时候，心中十分温暖，毕竟苦于微信群内骚扰信息已久，第一次看见运营者从用户的角度思考用户感受并给予合理建议，这是十分难能可贵的，这让笔者觉得"糯米团子"像我的好朋友一样。尽管我按照他的提示关闭了群聊消息提醒，但是一直关注着群内的信息。"糯米团子"在提醒关闭群消息提醒后，再次发消息告知所有群员群规并欢迎所有人入群。由于前期印象良好，笔者十分愿意读取"糯米团子"发送的信息，并按照"糯米团子"的提示完成每天的学习任务。当然，假设群内一直出现的都是机器人式的提醒，笔者可能坚持不到最后，但是"糯米团子"每天都会在群内用各种有趣的流行语提醒群友坚持打卡学习，并鼓励、表扬在群内积极分享笔记的群友。笔者有幸被点名表扬，感到十分惊喜并且收获了满满的参与感，从此一发不可收拾，每天都坚持写笔记、做总结。在整个学习过程结束时，"糯米团子"进行了结营总结，给坚持打卡学习的群友颁发奖励——一个月网易有道词典的VIP会员卡。之后很长一段时间，笔者都续费网易有道词典的VIP会员，尽管这个App有许多地方做得不甚完善。

"糯米团子"进行的开营、结营等活动给予了笔者满满的仪式感；告知笔者注意关闭群内消息提醒，让笔者感到温暖，为之后的互动及获得存在感打下基础；点名表扬笔者笔记做得不错，让笔者收获充足的参与感……这样一些措施，让笔者觉得网易有道词典的VIP学习社群充满浓浓的人情味，甚至忽略了应用软件本身的缺陷，成为很长一段时间的会员。

3.4.8　创造社群价值

所谓创造社群价值就是通过社群满足用户的某种需求。这种需求不应停留在表面，而应按照马斯洛需求理论深入挖掘。比如一家服装店，如果只是天天在群里发优惠券，用户一定会反感，不如转换思维，运用专业知识做在线穿搭指导。好搭盒子App深受女性用户喜欢，其运营特点在于根据用户的各项身体数据——身高、体重、胸围、腰围等为顾客定制推荐产品，让用户直接"get到"适合自己的服装。

在运营社区时，除了给用户提供优惠福利等经济价值外，最好还能为用户提供社会价值及情感价值，这样用户才愿意长期活跃在里面。

1. 经济价值

常见且直观的社群经济价值为红包。极端点，如果运营者每天都在群内发1万元的红包，群内用户肯定会把这个群置顶并时常进群看看自己是否错过群内的消息。除了发红包这一种直接的经济价值外，社群还存在间接的经济价值，比如这个群可以让群内用户赚钱或者教群内用户如何挣钱。简单来讲，我们的公司群、合作伙伴之间的群，本质上就是这样的群。只是我们把它们当作社交工具，并没有往社群上面想。如果一个群能够教大家如何变现，那么这个群就有经济价值。

2. 社会价值

社会价值与人脉、资源及晋升机会相关。假如有个微信群里有马云、巴菲特、王力宏，你肯定很想加入这个群，因为在这个群里，你能获得一些其他地方不能获得的社会资源和信息。如果你的群里有一些生活中结识的非常优秀的人——上市公司的老总、大学教授、知名医生或律师，他们在群里可能会发送一些非常有价值的信息，这样的群都是大家非常愿意加入的。

3. 情感价值

相信大家都有一个类似叫"相亲相爱一家人"的群，为什么家族群的群友不会轻易退出呢——因为有一种情感价值在其中。那么，作为运营者，我们有没有可能让自己的群变成这样的群呢？这就是我们需要思考的问题。如何在群里面创造出类似亲人的情感？为社群创建情感价值的方法，大家可以按需翻阅前文。

案例分享

靠社群崛起的PPT"大神"——秋叶曾经在采访中透露，他的社群分为两种，一种为学员群，一种为伙伴群。只要买了秋叶PPT团队的PPT制作课程便可以加入学员群，而伙伴群则只有拥有才华或高超技能的人才能加入，这里要求的才华或技能包括会制作思维导图、会手绘、会自拍，等等。伙伴群内聚集了许多有才华的人，能够让每个人凭借自己的才华进行价值交换，而且大家相互之间的互帮互助使得群友间的连接更加紧密，也使社群的生命周期更长。

3.4.9 群主角色定位三阶段

群主是社群的中心。在社群形成之前，忠实用户会以"粉丝"的形式围绕在某个对象周围，虽然他们之间偶尔有互动，甚至会自发组织一些活动，但是无法形成固定的系统。在社群形成初期，必须由群主将忠诚用户聚集在一起。但当社群发展到中后期时，群主的时间不够充足，无法满足众多"粉丝"的沟通诉求，势必要做出一定改变，将部分焦点转移到群内其他人的身上，让其他人帮自己分担任务。长篇小说《三国演义》中，诸葛亮最后身死五丈原，就是由于军中琐事他皆亲力亲为，积劳成疾，最后撒手人寰，北伐中原的大业也因朝中没有能力强者而失败。适当放权，给自己休息时间，也给同事历练机会。

1. 召集人

在社群建立初期，群主的角色定位为召集人，通过自己的影响力召集一批"粉丝"。对于"米粉"而言，唱着"Are you Ok"的"雷布斯"——雷军便是他们的群主。这位"龙傲天"型理工科男的一言一行都深深影响着"粉丝"们，这位武汉大学毕业、两年修完所有学分、早期加入金山公司的牛人，单靠他的个人魅力及人生履历就足够聚集人气。与此同时，"雷布斯"和他的小米致力于为用户提供高性价比的产品。因此，在手机行业内，雷军有着极高的发言权，"米粉"折服于雷军的个人魅力和他创造的小米手机。

2. KOL

在社群稳定发展期间，群主的角色定位为KOL，不直接参与群内运营事务，不每天发送问好消息、私聊鼓励积极的群成员。这时群主的工作为传递自身意见及价值观，使人们追随，以稳定社群，使之良性运转、发展、壮大。这里以粉圈为例，当一个明星拥有一定的人气后，"粉丝"会自发组织后援会和"粉丝"群，社群发展早期，该明星会活跃于社群，但是当具有一定人气后，后援会等便有资深"粉丝"代为打理，而明星的定位则是像社群的"招财猫"一样，吸引新成员加入社群。

3. 导演

在社群稳定发展后期，群主的角色定位为导演，他的工作为团结群内所有人，发挥所有运营者的才能，使运营者为社群发展出谋划策，他的身份是组织者和领导者。这里又以粉圈为例，当一个明星发展状态良好时，他可能会组建个人工作室，例如某明星爆火后经过一年左右的发展创建了自己的工作室，亲自负责把握整体的商业运营方向，工作室成员一部分负责艺人行程，一部分负责宣传、公关、后勤及与用户对接，各司其职。明星是工作室的组织者和领导者，负责重大问题抉择，其他琐碎运营事宜则交给工作室其他成员负责。

3.5　群聊流量变现

财经作家吴晓波曾说："未来不做社群，将无商可做。"这句话是说社群是最适合赚钱的地方，曾经不乏建立社群只是为了交流的人，但现今时间成本那么高，兴趣爱好比不过柴米油盐酱醋茶，大部分人做社群的初衷就成了变现，不再有很多人投入过多精力不计回报地运营社群。网络文学发展早期，榕树下创始人朱威廉不计回报地运营"榕树下"网站，希望"榕树下"坚持"文学是大众的文学"，倡导"生活·感受·随想"，如此理想化的产物终因没有直接经济来源而夭折。朱威廉在接受媒体采访时苦笑着说："创办榕树下一年的经费还不如在北京买套房。"变现也是为了让社群存活更久。社群变现一般有三种方法，第一种为将圈子打造成产品，前提是做出一个让人无法复制的社群，群内成员聚合力强。这种变现方法比较难。第二种为会员制变现。这种变现方式，主要依赖于圈子内独特的社交氛围和无可取代的商品，这种社群可以自定义设置会员体系，实现不同圈子、成员之间的分层精准化运营，筛选出超级用户。第三种为流量变现。这种社群的建立较为简单，不需要运营者投入很多时间培养用户习惯，而是通过推广产品来实现变现盈利。社群只要规模合适，便可以成为推广渠道。

3.5.1 社群产生信任，信任生成流量

打造社群不是一朝一夕的事。要想做社群经济，首先要有自己的"粉丝"用户，挖掘潜在"粉丝"，将他们转化成忠实用户。这里以小米为例，早期小米将用户拉入社群，用社群将用户圈在一起，然后在群内不断与用户互动，不断征集用户意见，为那些愿意尝试小米产品的用户提供价值，逐渐将这些用户转变成小米的忠实"粉丝"，而拥有忠实"粉丝"，意味着品牌在聚集"粉丝"的过程中逐渐成形，只不过还没有那么大的传播力。想要扩大传播力，就必须要从"老粉

丝"入手，不断输出，通过为"老粉丝"提供价值，建立彼此之间的信任。假如你建立一个关于多肉植物养护的社群，你可以和群友主动分享你所知道的多肉植物养护知识，比如用什么样的方法可以让多肉植物长得更饱满。

通过这些小举动，慢慢地用户会对你产生信任感，认为你真的可以帮助到他，大家互利互惠。老用户会向朋友介绍，新用户被你的多肉品牌所吸引，这样你的多肉养殖品牌其实在无形当中慢慢养成了。又如"十点读书"每天在晚上十点推送一篇文章，满足了部分不想读书但是又想了解图书内容的用户的需求。每晚十点推送一篇文章，大家可以免费阅读，时间固定，名字还有特点，不是看书、听书，而是读书，就把自己的品牌与其他与书相关的内容区别开来，形成了差异化，这样不仅聚集了爱书的"粉丝"用户，还在这个被用户认可的过程当中打造了自己的专属品牌。

3.5.2　社群变现的几个重要指标

社群变现中的"现"，不单单指传统定义的社群变现中的获得现金，看群、互动、评论、分享干货链接、共享资料、邀请好友进群等任何有益于社群的动作都是社群变现。

在判断社群是否具有变现潜质需要考量以下几个方面：第一个为参与感。参与感依靠的是每个人在社群里的输出，至于采用什么形式输出，则需要运营者去设计。第二个为用户思维。用户思维指的是运营者一定要站在用户的立场考虑产品如何融入场景里，让用户有更好的体验。要做到这一点，需要积极调研，在分享前、分享中、分享后，或者活动发起前、发起中、发起后，积极地跟用户私信互动，及时收集反馈意见。第三点为代入感。想要让用户产生代入感就必须让用户从0到1完整地体验他所接触的这个平台或者产品，不要半路进来，片面接收。第四点为节奏感。节奏感指的是运营者要配合用户的作息时间，了解他什么时间可以参与互动，互动的量是多少、深度是多少等，然后根据这些数据和需求做详细的设置。在掌握以上四个方面要素基础上，还可以从社群中是否有群友过于活跃、运营者是否有保持服务的本心、社群是否帮助运营者获取用户信任这三个问题思考社群运营。

社群中存在过分活跃的群友是90%社群"死亡"的原因，这是劣币驱逐良币的现象。有些人进社群是为了刷存在感，为了打发无聊的时间，于是便一直在群里聊天、灌水。这类人对社群不产生任何价值，而且，一旦有第一个人带头，后面就有人跟上，社群运营者又不太好去抑制，就会导致群聊过分活跃，掩盖了真正有价值的信息，并导致关键意见领袖或核心成员离开社群。而让运营者思考是否有保持服务用户的初心，就是让运营者时刻提醒自己，运营者运营群聊不是为了控制群聊中的群友，而是为了服务群聊中的群友。运营者在运营过程中可以采用积极的调研方法，在每次做完分享后，把重要的内容沉淀下去，然后私信给所有成员。运营者要注意构建一个公平、平等的环境，让用户愿意将群聊置顶。社群帮助运营者获取用户信任便是社群内产生信任，而后产生流量。

3.5.3　社群"粉丝"经济

"粉丝"原指追星族，但现阶段"粉丝"指的是支持者。在移动互联网时代，人人都是自媒体，人人都可以有自己的"粉丝"，这也使得"粉丝"经济逐渐成为这个时代浪潮中的最强音。"粉丝"经济泛指架构在"粉丝"和被关注者关系之上的经营性创收行为，是一种通过提升用户黏性并以口碑营销形式获取经济利益与社会效益的商业运作模式，是"粉丝"在媒介创造的虚拟环境中充分调动情绪，产生情绪化的模仿和顺从行为的经济模式，这种经济模式的出发点在于"粉丝"对某种商品或者某一类人群的关注度，这些"粉丝"的核心诉求是得到情感的满足。

在人人都可以发声的互联网时代，"粉丝"这个词不再局限于娱乐圈，也不再只有娱乐圈的大明星才有不计其数的铁杆"粉丝"追捧，就连互联网圈都掀起了"粉丝"经济热潮，小米手机有"米粉"，魅族手机有"魅友"，华为手机有"花粉"，各种名目的"粉丝"层出不穷。社群可以为创始人圈定"粉丝"，可以让社群内产生"粉丝"经济，当然，也可以像传统的偶像市场一样将社群经济激活、变现。例如，互联网行业很多人都知道"秋叶大叔"的社群规模庞大且一直运营得不错，知识付费产品的转化率也很高。秋叶团队在PPT和新媒体领域算是很有知名度的，秋叶团队实现社群盈利的方法便是充分利用社群"粉丝"经济——任何一个想要加入秋叶社群学习PPT制作的"粉丝"，都必须购买秋叶团队制作的PPT讲授课程。

3.5.4　社群变现方法

社群变现植根于运营者脑中，也是运营者绕不过的坎儿，社群只有实现运营才能让运营者有更大的动力坚持做下去，才能让社群长久地存在，因此，了解社群变现的方法对运营者至关重要。一般来说，社群的变现方式有三种，分别为社群自身变现、社群产物变现及合作变现。

1. 社群自身变现

社群自身变现一般就是指将社群的服务变现。假如你建立了一个社群，里面都是投资人，未进群的人想要进群得到这些投资人的资源，就需要付一定的费用，这些社群可能因为社群建立年限不同、所含投资人个数不同、拥有的相关资源不同，从而需要用户付出不同的入群金额。社群里面的投资人资源其实就是社群的一种服务。如果想要将社群的服务变现，就需要给社群设置门槛，让社群内聚集的都是有特长或技能的人。

2. 社群产物变现

社群产物变现指的是将社群内产生的产物进行变现，社群产物变现又分为订阅专栏、售卖课程、内容打赏、周边变现这四种。

1）订阅专栏

订阅专栏指的是用户花费金钱订阅专门的知识栏目。这个概念由得到App首创，后来音频平台喜马拉雅FM、科技媒体36氪、读书网站豆瓣及一些名人微信公众号也跟风推出订阅专栏的服务。使用订阅专栏这个变现方法的自媒体人有众所周知的"5分钟商学院""李翔商业内参""薛兆丰的北大经济学课""白先勇细说红楼梦""每天听见吴晓波"等。好的付费订阅专栏能够创造1 000万元到2 000万元的订阅费收入，这相当于一本销量为20万册的畅销书的销售收入。这些订阅专栏都是基于"粉丝"基础，分享一些更为深入的知识内容，这部分内容相较于免费分享的内容而言更有价值一点，如果用户想要得到这些内容，就需要支付一定的订阅费，这个费用可能是按月或者按期付的，而这些内容都有价值，让用户受益匪浅，从而让用户产生黏性，促使他们每月或每期都有付费的动力。

2）售卖课程

这类型的一些社群会在社群内给群友授课，对不同的人群进行不同方向的课程培训，而每期课程又是需要付费的，这种直接的课程售卖也是变现的一种方式。而售卖课程的群聊十分看重社群知识的沉淀以及后续的服务质量，这是影响复购率及社群活力的关键因素。以书法社群为例，由于偏好书法的人大多属于中高收入群体，能否服务好他们便成了社群营利的破局点所在。因此在做书法社群的初始阶段，考虑到学员大多数是初次接触书法，运营者应该重视学员的反馈，除了机器人会通过关键词功能解答常见的问题外，社群管理员要定期收集群内常见的难题，通过微信群直播的方式由老师在周末进行解答。这样做的好处一方面是服务了群成员，让他们的疑问得到解答；另一方面是沉淀了直播内容，让社群的积淀更加深厚，同时也方便后面加入社群的成员快速学习到这些关键知识，加速融入社群。

3）内容打赏

内容打赏是阅读后付费，这种付费是基于个人的欣赏和认同。技术的进步改变了内容服务方式，也改变了人们的消费模式，人们开始为微信好文打赏，为原创视频打赏，现在又为新兴的网络直播打赏。对于现在的人来说，打赏不再陌生，已经成为一种重要的消费方式。打赏经济的风行给了人们将自己的内容或服务变现的机会，而消费者则可以将自己的支持和喜爱以打赏的方式表现。内容打赏对于社群而言也是收入的一部分，它能给予运营者认可和收入。例如，简书一开始做的是一个即用户原创内容（User Generated Content，UGC）的平台，慢慢有了很多自己的社群，加入社群的都是不同类别内容的创作者。2017年，简书开发了自己的App，在社群内进行推广，让用户使用，慢慢让用户对移动App产生黏性。不仅如此，他们的App上有一个充值和提现功能，只有当用户打赏金额满100元后创作者才可以进行提现，而提现的时候，简书会收取5%的费用，从而利用社群实现变现。内容打赏不仅能为运营者带来收益，从市场化角度来讲，打赏还拉近了内容供需双方的距离。比起固定的模式，它可以让供给方及时了解真实的市场需求，从而改进服务，优化内容产品。总的来说，内容打赏的兴起对于内容市场的发展是有利的。

4）社群周边变现

这种周边变现与明星的周边变现相似，也即是售卖与主业相关程度高的产品，对明星而言，这些周边是玩偶、杂志等，对于社群运营者而言，周边可以是与主业相关的小吊坠之类的产品。社群的周边产品种类不设限，只要是大家喜闻乐见的并且与社群主要运营方向一致的便可。例如做教习书法的社群，可以售卖定制版的文房四宝；做婴幼儿早教课程的社群，可以在群内向宝爸宝妈推荐合适的婴幼儿用品；做女士服饰售卖的社群，可以向群内的女生推荐一些她们可能感兴趣的美妆产品。

3. 合作变现

合作变现的方式很多，常见的是换"粉"互推，资源交换，合作产品。例如，你是做职场类课程的，你可以跟同样带有一定流量的群主合作互推，大家"粉丝"特征差不多，联合推广能够聚集更高的势能。再例如，你是做植物养殖、服装搭配或者视频剪辑的，市场上还有很多做这种内容的社群，在进行知识输出的时候就可以进行合作。

如果你和合作方都从事线上课程运营，可以邀请对方的讲师来到你的社群讲课，从而获得分成；同时讲师讲课又会带来新的流量，用户可能会被你们自身的课程吸引，从而实现转化。如果你的社群做得很好，可能会有其他社群进行线下活动时邀请你做讲师，你从中拿到一定的分享费。另外，你在开展线下活动的时候，可以直接进行门票售卖。在合作变现的过程中要注意与合作社群建立良好的社交关系，一方面不要越过对方的合作底线，给对方社群带来不好的影响；另一方面，合作之前就要把推广、分成这些内容商量好，否则容易合作不成，还坏了名声。

案例分享

以下分享的是为社群售卖品牌服装及高级月嫂服务的案例。在这两个案例中，我们可以看到从社群引流到成交的一整套、合乎逻辑的运营过程。请阅读这本书的你结合前文所述，细细感知这个过程。好好体会这两个社群的运营方法，便可以举一反三，触类旁通。

案例一——社群内卖品牌服装

虽然新旧群的运营方法不同，但是运营方法背后的底层运营逻辑相同，即习惯、福利、气氛、情绪，这四点需要贯穿于整个新旧社群的运营中。

在卖衣服之前，运营者先培养用户的习惯，让无论是新用户还是老用户，从每周一开始，都习惯每天晚上八点半来到群里，因为现在用户的注意力非常分散，用户可能常常在玩游戏，在玩别的App，在别的窗口和他人聊天，只有这样做才能吸引用户的注意力，开始进行其他的营销步骤。如果用户都没有注意到运营者，那么运营者的一切营销都是"自嗨"。在培养用户习惯的时候，社群内便开始着手准备抽奖——送衣服。这个方式看起来有点粗暴，在实际运营中貌似投入很大，但是服装行业的利润率普遍较高，给用户免费赠送衣服只是前期运营时投入的一点点费用，这些成本完全可以通过销售额弥补。一般来说，普通用户都喜欢简单而直接的营销活动，只要运营者说到做到——告知群友会在社群内送衣服，而且真的送出了，那么就不愁群友晚上八点半不加入群聊中。

晚上八点半打卡送衣服的活动持续了五天，直到最后一天才开始付费转化，在社群活动举办的五天时间内，情绪逐步积累，每天社群分享结束的时候都给群友留下悬念。这就和播放电视剧是一个道理，每次都是看到兴奋点，便迎来了一集的结尾。用前一天的悬念吸引用户第二天关注，而第二天活动结束时，又制造悬念，观众的注意力自然而然便被一直吸引。大多数女性用户不喜欢过于复杂的操作，当然这并不是说运营者的裂变"诱饵"——无门槛红包不诱人，而是转发海报的操作太过复杂，并不适合女性用户。运营者在裂变前一定要做好充分的目标用户调研，了解他们的喜好和对裂变玩法的接受程度。了解什么奖励是可以击中目标用户的，确定裂变"诱饵"。还要根据用户特征设计裂变话术。既然目标用户是女性群体，那么语言就要偏情感化一点。

在运营过程中，运营者没有直接夸自己的产品和品牌，没有直接在群内给产品打广告，而是预设了一个场景——"爱国"，然后把话题引到走秀上。除了设计"爱国"场景外，这位社群运营者还给群友分享设计师的过往经历——法国某某设计院校毕业，准备明年用自己设计的衣服参加巴黎的走秀。然后向群友普及时尚风与"淘宝风"的区别，告诉群友能够在巴黎走秀的中国品牌并不多，这是每一个中国人的骄傲，而且只有能够参加走秀的品牌才是时尚。在这一步，运营者就给群友留下了深刻的品牌印象。在此之后，运营者用发布照片来制造悬念，让大家想要看设计师本人的照片，最后晒出设计师照片。如果只是单纯的晒照，是没有任何意义的。运营者晒了两张照片，分别告诉大家这是设计师和迪奥首席设计师，也就是她和她的老师的合照，以及与巴宝莉设计师的合照。

一切准备就绪后，运营者便开始活跃社群气氛，因为对于社群电商的操盘过程来说，社群活跃是一个很重要的指标，社群活跃才意味着用户触点是通的，否则用户触点就是不通的，用户触点不通，一切营销都是没有意义的。在转化开始之前运营者发送一条朋友圈，指定群友点赞并限制点赞时间，到达限制时间时，在社群里寻找第N个点赞的用户，给该用户发送奖品。这个玩法在很大程度上活跃了群内气氛。用户会在两个点上活跃，第一点为发布完公告后，大家都开始期待；第二点为活动结束后，大家开始期待那个第N个点赞的用户是不是自己。

活动开始前，公告刷屏"今晚八点半，群内抽奖"，这种刷屏是该运营者常用的方法，目的首先是避免大家看不到公告内容，其次就是传播情绪。当大家都在刷屏，都在期待抽奖的时候，这种期待的情绪是会传染的。活动在晚上八点半正式开始前，运营者测试群友情绪是否被激发起来。当他发现群内讨论度不是特别高的时候，便发布公告，让大家继续刷屏"我爱×××，我要中大奖"，继续调动群友情绪。

在抽奖环节，该运营者采用的是转盘抽奖方式。在抽奖之前，运营者首先做了奖品海报。制作海报的目的在于直观地告诉群友，抽奖的奖品是什么。而该运营者选择这种抽奖方式的目的在于让用户在期待的过程中，进一步了解他们的服装产品，让用户产生想要买群内服装的意愿。当然，众所周知，中奖者毕竟是少数；但是由于进行了抽奖，没中奖的情绪会一直伴随用户，从而提升最终的付费转化。所有参与抽奖的用户都拿到奖品，少数幸运儿拿到了免费的服装，而没有拿到免费服装的用户则拿到了无门槛的优惠券，优惠券可以让用户叠加使用，这算是"花式派发优惠券"，想办法让用户多拿些优惠券，但是又不能给得太直接，否则会显得产品很廉价。

这个社群的运营者熟练运用多种社群管理及变现方法，使得群聊最后的变现非常成功。

案例二——高级月嫂服务售卖

服装客单价相对较低，所以运营的难度较小，高客单价的产品一般需要前期运营铺垫，引导咨询后再下单。这里再额外分享一个高客单价产品的成交销售案例——月嫂服务。大家可千万别小看月嫂服务，北京地区的月嫂客单价基本上在13 800元到28 800元，而且逐年涨价，这就是典型的高客单价、低复购产品。这个案例中的活动操盘者通过策划一场社群营销活动，变现了47万元。

该活动的运营者将月嫂服务团购活动分为10个阶段——准备、建群、引流、打造信任、团购、标注意向、维护、陆续转化、饥渴营销、复盘。

在准备期，该活动的运营者并没有使用广告、海报、软文等传统的吸引用户的方法。这些方法只会让孕妈妈们感觉被打扰，孕妈们根本就不会理会这种广告，因为她们在这个阶段每天都被很多很多类似的广告打扰，因此，运营者独辟蹊径，找了二十个孕妈们普遍很关心的问题，然后用这些问题将孕妈注意力引导到月嫂服务上面。运用这个技巧，运营者从一个低黏性的100人孕妈群内，将30%的人引流至活动群，并且整个过程都不需要发公告！连续两天引流，使得活动群人数达到400人。这400人适时对运营者的信任度是比较低的，于是运营者耗费两天时间与群内孕妈建立信任。在此期间，他们除了继续用话题引导，让大家感觉自己需要月嫂之外，还让服务人员在群内及时回复孕妈们的问题。

到了分享时间，运营者使用红包预热分享活动。在分享过程中有一个主持人负责主持及控场，群聊内的专业人士使用语音分享科学的坐月子知识。专业人士分享及答疑结束后，主持人公布月嫂团购活动详情以及报名链接。由于月嫂服务客单价极高，运营者很难做到让一个未曾谋面的群友仅仅因为一场微信群讲座就支付一万多元，所以他们采用了"低门槛报名+0风险承诺"的方式。

通过低门槛报名的方式获取意向用户的联系方式后，便有专门的营销人员与孕妈取得联系并邀约与月嫂视频面试或者线下面试。为了将群内其他来凑热闹的、来听课的、正在犹豫和纠结的群友转化成用户，运营者们将前一天的讲座内容做成一份带有他们独特Logo及活动信息的精美课件，告诉群友在群内回复"1"便能领取。在团购活动推出之后，运营者用了将近10天时间来持续维护，而原先准备的20个话题就在这10天的持续维护期内发挥了关键性的作用。活动结束前一天，他们发了一个公告，公告的大意是活动马上就要结束了，大家还有想预约的可以在最后24小时预约。最后，在活动圆满结束的氛围中，运营者们又收到了一波预约订单，而到那时，这整个活动才正式结束。活动正式结束的一个月后，运营人员统计了真正付定金的人数，发现转化率为12%~13%！

即便是高客单价的产品，只要方法得当，也可以在社群中售卖，因为社群给予了运营者许多建立信任的方法及渠道。至于如何建立，则需要运营者在实际的运营过程中结合书中所述慢慢摸索。

归纳总结

马斯洛需求理论告诉我们，人类对于社交的需求极其高，只要活着，便渴求从人与人之间的连接关系中找到归属感、排解孤寂。而关系必然要经过媒介才能建立，可以说媒介是人的延伸。随着科技的发展，媒介一直进化，关系的连接方式也一直在变。社群也是关系连接的产物，从古至今一直都有社群，只是在不同的时代社群分别是书院、会所、俱乐部、圈子、部落、社区等，但无论其形式或名称怎么变，其排解人们孤寂、让人找到归属感的内核永不会发生改变。

木心的《从前慢》中有句流传很久的诗——从前书信很慢，车马很慢，一生只爱一个人。这句话在歌颂从前的爱情多么纯粹的同时，不也反映了由于地理空间局限，人一辈子的社交圈都很小吗？科技的进步让社交不再局限于熟人圈，用来交流的工具也不再局限于很慢的书信，更有基于移动通信技术的各种平台。

现在谈到社群，很多人自然而然想到的是微信群，其实微信只是容纳网络社群的载体工具之一。所有媒介的出现都有希望实现人与人之间信息传达更便捷的初衷，当基于互联网的通信方式开始普及，受地理空间限制的社群关系开始逐步进入虚拟空间连接的阶段。

社群给予了运营者扩大自己的声量、提高品牌影响力、成交产品的土壤，更是私域流量中体量最大的一种。但是也由于它的隐蔽性，运营起来十分麻烦，这就需要运营者多多思考、常常创新。

第4章
直播篇

本篇重点：

选定合适的直播平台

直播成交转化

4.1 直播相关知识点

4.1.1 直播概念

直播原指广播电视节目的后期合成、播出同时进行的播出方式，按照播出场合可以分为现场直播和演播室直播等形式，但目前直播多指网络直播。网络直播汲取和延续了互联网的优势，利用视讯方式进行网上现场直播，可以将产品展示、相关视频、背景介绍、方式方法、网上调查、对话访谈、在线培训等内容发布到互联网上，利用互联网直观、快速、表现形式好、内容丰富、交流性强、不受地域限制等特点，增强活动现场的推广效果。

随着4G网络普及和移动宽带降低资费，视频走到了传播信息的前沿。过去的文字、图片、语言等社交模式慢慢被用户厌倦。在视频直播平台，用户与主播、用户与用户之间更容易拉近距离，相互交流不再受到时间、地域等因素限制，更为灵活、自由。直播除了是一种较为前卫的社交模式以外，还是一种经济回报相对可观的营销方式。通过直播，主播可以以推销产品及获得打赏等方式将流量变现。

4.1.2 直播已是标配，已是通用技能

中国在线直播行业主要包括四种商业生态，第一种为用户打赏；第二种为与企业进行广告合作；第三种为"直播+"模式；第四种为PUGC模式（Professional User Generated Content的缩写，即"专业用户生产内容"或"专业人士生产内容"，指在移动音视频行业中，将

UGC+PGC相结合的内容生产模式）。直播打赏指的是用户充值虚拟货币，然后获得打赏礼物、会员服务等，得到主播和直播间其他观众瞩目，在某一直播间的地位提高，从而获得更强的存在感。用户为了继续获得这种满足感，就会持续消费。与企业进行广告合作，指的是主播在直播间内使用或推荐产品，从而赚取推广费。产品广告分为软广告和硬广告两种，直播间中常见的为软广告，软广告区别于传统硬广告直白介绍产品卖点的形式，更追求情怀营销，更追求和风细雨、润物细无声的植入，常见软广告为吃播或者美妆博主直播时"无意中"提及最近的爱用品。"直播+"模式中最为大众所熟知的是"直播+电商"模式，即直播带货。为刺激内需、拉动经济，2020年新冠肺炎疫情期间"央视四子"（康辉、朱广权、撒贝宁、尼格买提）于5月1日一同为观众带来了一场以家电为主的直播盛宴。这场耗时3个小时的直播最终成交额高达5亿元。

在中国所有在线直播行业的四种商业生态中，现今发展最好的为"直播+"模式，主要是"直播+电商"模式，通俗来说便是直播带货。一场疫情为直播带来了新的热潮，2020年4月1日，罗永浩在抖音开启直播带货首秀，他的加入让原本就火热的直播带货更加热闹。4月6日，朱广权和淘宝"口红一哥"——李佳琦组成"小朱配琦"组合，直播当天累计观看次数达1.22亿，直播间异常火爆，累计卖出4 014万元湖北产品，为湖北经济助力。4月12日晚，央视主播欧阳夏丹携手王祖蓝、蔡明、十堰市副市长王晓，以及66位快手达人直播，带来热干面、小花菇等12种湖北特产。这场公益直播在快手平台的累计观看人次达到1.27亿，累计点赞1.41亿次，连同快手达人发起的"谢谢你为湖北拼单"直播，当晚一共卖出6 100万元湖北农副产品。

在新冠肺炎疫情期间，许多线下业务停摆，而直播带货业务却如日中天，越来越多的商家将业务搬到线上，直播间里出现的不只是"达人"主播，无数企业老板也纷纷加入直播带货的大军。格力电器董事长董明珠"嗨购洛阳·格力奇妙夜"直播圆满收官，最终带货101亿元。携程董事局主席梁建章以直播的方式4折预售湖州高星酒店，一小时内创造了2 691万元GMV（Gross Merchandise Volume的缩写，指一定时间内的成交总额）。

疫情期间直播带货见效最快的为国产化妆品品牌林清轩。2020年林清轩的创始人兼CEO孙来春说道："一场疫情让12年美妆品牌林清轩遭遇危机，大年初一到初七一半门店关闭，2 000多名员工'待业'，业绩暴跌90%。"疫情让注重提供线下体验的林清轩不得不做出改变，其创始人带头开始直播，吸引6万多人围观、卖出近40万元产品。孙来春用两个小时的直播完成了相当于四家门店、十七八个人工作一天的业绩，孙来春笑着说："别人直播赚钱，我做直播，是想拯救企业的命。"孙来春拯救企业的命的基础是提前参与阿里巴巴等平台的数字化布局。

在新冠肺炎疫情暴发以来，无数企业都采用线上线下相结合的运营方式，其中"直播+小程序+社群+门店"的运营模式运用最广，这几乎成为零售行业的标配，这种模式通过门店搭建私域流量池，通过电商直播、社群营销帮助企业完成"门店用户引流至线上服务，线上增粉回流至门店"的私域电商闭环。

这种运营模式在母婴品牌爱婴岛的服务中有了实践运用。受疫情影响，爱婴岛门店客流下降，销售额也下跌，故想通过线上的运营带动门店提升客流和销售。平时，爱婴岛一家门店的明星产品一天大概有20万~30万元到店销售额。YY一件（直播平台YY旗下的"一站式专业直播带货平台"）通过"门店私域+直播带货+社群团购"的模式联动爱婴岛13家门店，单场直播销售额98万元，连同其他产品的销售额加起来一共有15万元。单是爱婴岛明星产品的销售量在直播后就实现了超3倍的增长。值得一提的是，在此次合作中，YY一件并未给爱婴岛13家门店做电商直播运营，而是通过打造一家标杆门店的直播带货典型，通过直播营销工具，即用户进入直播间获得指定产品优惠券，将顾客引流到最近的门店消费，再结合YY一件的"爆品"小程序进行社群团购裂变，使更多的线上用户回流门店进行消费，最终联动提高爱婴岛其他12家门店（除做直播的标杆门店外）的销售额。由此可以想象，YY一件的"门店用户引流至线上服务，线上增粉回流至门店"这个核心思维是具有规模效应的，今天可以一店直播联动十店，明天就可以通过一个店联动百店、千店、万店，如此一来，全国各地的门店都被赋能带动起来，这就把线上营销的价值发挥到了极致。

在这个组合中，不仅个人微信号和企业微信可以作为私域流量的容器和载体，社群同样可以承担这个职能，在供应流量、持续复购上二者相互协力，帮助企业进行精细化、高效运营。小程序与直播则是转化工具，两者分工略有差异。小程序适合于进行长期转化和复购，直播适合做短时间的活动变现。这两者都具有同步拉新的裂变功能，从小程序和直播中获得的新用户可以反哺私域流量池，从而为小程序和直播"续航"。在设计系统时，YY一件主张并建议这些用户消费数据同步反馈到社会化用户关系管理系统，不断进行用户数据的积累和更新，形成私域运营管理的超级闭环。

天虹企业也是这一组合玩法的受益者。企业微信在天虹的"小程序+直播+社群"模式中扮演了重要角色。如2020年3月8日，天虹采用"1+"直播模式，直播现场配备了两个主播，一个主播拥有更多的商品销售经验，负责产品介绍，另一个主播掌握节奏，带动直播气氛。借助小程序和企业微信，天虹成功将自己的直播转变成了"千人千面"小程序电商，天虹为企业的每个导购提供专属小程序，这相当于每个导购都有一个自己的店铺。而每个商品也都带有导购属性，当用户成功付款后，页面会直接跳转并展示导购的企业微信号，让顾客快速与导购建立联系。借助"1+"模式，天虹携手滔博运动完成99万元在线销售额；携手欧莱雅完成208万元在线销售额；携手汇洁完成108万元在线销售额；携手兰蔻在10分钟内突破96.79万元销售额，最终销售额达到232万元。

用户在线下门店购物时，商家经常说"我的店在这儿，又跑不了"，这一句话建立的信任感比线上广告狂轰滥炸建立起来的信任感要深厚得多。直播则将冰冷的品牌Logo换成了活生生的人，潜台词即"我们见过面，你可以信任我"。

直播是获取流量、促进购买转化的重要工具，直播间的观众、购买商品的用户则可以沉淀到社群、微商城、小程序当中，这些是私域流量运营过程中的重要动作，这些动作将直接影响下一次直播的效果。以安徽本地的美妆连锁品牌"美林美妆"为例，企业通过门店推广及导购员推广等方式为直播间引流，在直播间内推出企业微信群，同时告诉直播间观众，企业微信群中有很多折扣信息，从而聚集私域流量，平时则通过拼团、秒杀等社群活动提高群聊活跃度和购买转化率。

电商直播是当下极其稀奇的"大风口",相比最近也十分红火的短视频,直播大大降低了用户的参与门槛,且把线下的交易转移到线上,是对传统商业的"再造",其商业势能是短视频的10倍以上,使得无数资本"大鳄"都携巨资入场。

4.1.3 直播行业现状

2016年是中国网络直播行业的"元年",网络直播平台如雨后春笋般发展。2019年,中国线上直播用户规模达5.04亿人,增长率为10.6%;2020年,用户规模达5.87亿人。随着5G技术的普及运用,直播行业有望保持持续增长。与此同时,直播降低了打造个人IP的门槛,成为副业的助推器,依附直播的个体职业者越来越多,主播会成为未来最大的就业人群。

1. 直播三阶段

1)秀场模式

秀场模式是直播发展的最初阶段,它自产生以来便以自身独特的优势保持着稳健的发展势头,市场潜力很大。秀场直播就是通过直播来秀出自己。过去,想要实现成名梦想的年轻人必须通过门槛较高的选秀节目才有可能被更多人看见,而秀场直播则给有梦想的年轻人提供了一个相对简单的出名方式。人们可以不受时间、地域限制地向大众展示自己的才艺,只需要开通一个直播号,就可以在电脑或者手机前展示自己。

秀场直播的主要用户为男性,亮点为多才多艺的美女主播。美好的人和事物能吸引用户欣赏和追求,促使用户为主播打赏礼物。平台利用美女主播吸引男性用户,在"千播大战"时各种美女主播以高价被直播平台聘请，曾经的"斗鱼一姐"——冯提莫被哔哩哔哩以5 000万元高价"挖"走，这样的高价意味着哔哩哔哩公司高层十分看重主播的人气和流量。

秀场直播在给平台方和主播带来巨大经济利益的同时，也加剧了行业内的竞争。有些主播为了赚取更大的利益，多次挑战文明底线，在直播间内搔首弄姿，同时，由直播打赏引起的社会乱象接连挑战普通人认知下限。2018年6月，央视新闻频道《新闻直播间》做了题为"侵吞公款打赏女主播"的报道，报道了29岁、月薪3 000元人民币的镇江某房地产公司的会计王某利用公司财务的漏洞，在几个月的时间内挪用公款近900万元打赏女主播。2020年，上海无业男子用父母的钱打赏某直播平台女主播，金额高达100万元。

这些负面事件对秀场直播的影响十分恶劣，使得人们对秀场直播投以鄙夷的目光。在这种情况下，秀场直播平台纷纷开始整顿行业风气，认真遵守各项规章制度，对直播内容也做了相当严厉的限制和监管，要求每一个直播间都不再打擦边球，用心培养一批能生产优质内容的主播来促进秀场直播不断发展。

2）游戏直播

在秀场直播退去火热后，游戏直播成为直播的重点。随着智能手机普及和游戏公司对游戏专业化的重视程度加深，游戏直播成为直播界的"新宠儿"，无数游戏直播平台如同雨后春笋般出现，其中最为人所熟知的是斗鱼与虎牙。游戏直播登上直播历史舞台的标志是虎牙直播的崛起。2014年11月24日，欢聚时代旗下的直播平台YY更名为虎牙直播。虎牙直播以游戏竞技为主，且大部分游戏直播的内容为移动端游戏。虎牙直播战略部署得当，在短短几个月内迅速崛起，其惊人的发展势头吸引很多人投身游戏直播行列，促使游戏直播不断向前发展。

游戏直播的发展使得一大批拥有庞大"粉丝"群的主播横空出世。虎牙人气主播——"指法芬芳"张大仙以直播MOBA类手游出名。2019年虎牙以5 200万元签约张大仙，为直播平台带来高人气。直播平台的大手笔投入表明游戏直播的发展势头强劲，能够为平台带来收益。

3）电商直播

电商直播由直播发展而来，在花椒、斗鱼、虎牙、映客等平台发展游戏直播与秀场直播时，电商直播并未崭露头角。随着腾讯资本入股斗鱼和虎牙，熊猫TV倒闭，其他小规模直播平台陆续退场，直播大战基本结束。而此时，淘宝才凭借其强大的电商基础，上了直播的快车，使电商直播如火如荼。

营销"鬼才"杜子建说："不做短视频的企业会死，不做电商直播的企业会死。"电商直播被认为可以颠覆其他一切商业模式，未来，消费者可以直接对接工厂，各个生产车间直接对接直播间。无数品牌开始重视电商直播，九阳发动1 500名导购参与电商直播并建立导购直播内部竞争机制，日均主播人员达500人次，日均直播场次达到700场以上；纪梵希彩妆师上线淘宝直播，分享化妆技巧、新品试用经验，单场直播带货几十万元；肯德基全国30多个大区同步招募门店开启直播竞赛，每个大区邀请一位美食主播作为助力组成战队进行为期10天的线上直播挑战赛（K播之王挑战赛），其中南京战队入场五天内"涨粉"20万人，赛程未过半，品牌整体已破千万元销售额；燕之屋也在向年轻人靠拢，进行了三次产品技术迭代——从干燕窝的1.0时代到工厂直接炖煮生产、冷链配送"鲜炖燕窝"的2.0时代，再到放入杯中加热水泡上5分钟即可食用"鲜泡燕窝"的3.0时代，逐步打通了"燕窝自由"的"最后一公里"。

2. 直播发展历程回顾

1）启蒙阶段

2005—2013年，网络直播市场随着互联网模式演化起步，以YY、六间房、9158为代表的PC端秀场直播模式为人熟知。到了2014年、2015年，网络直播市场进入新一轮的发展期，尤其是电竞游戏直播出现，在大量游戏玩家的推动之下，网络直播一夜爆红。在以秀场直播为主要模式的早期直播中，年轻漂亮的主播们通过PC端向观众展示自己的才华，观众主要通过YY、六房间等直播社交平台购买VIP权益、打赏主播以巩固社交关系。这种过度依赖"粉丝"打赏的盈利模式使某些主播铤而走险，以低俗内容取悦"粉丝"，吸引"粉丝"打赏。而启蒙阶段的游戏直播，其真正的大热源自游戏英雄联盟的发展，因游戏玩家喜欢观看其他玩家直播。各平台为了吸引流量不惜"烧钱"，甚至触碰红线。2016年文化部对一批涉嫌违规的平台进行了查处。总的来说，启蒙阶段的直播缺乏相关条例规范，鱼龙混杂。

2）机构专业化，主播全职化

2016年，网络直播市场迎来了真正的爆发期，用户脱离PC端，通过移动手机用户端实现移动秀场直播。手机视频直播成为新兴市场，备受各大直播平台青睐。可以说2016年是移动直播的"元年"，网络直播市场真正进入全民时代。在直播行业日趋稳定的今天，主播职业也成为新兴职业。其轻松的工作模式和较高的收入吸引了很多年轻有才艺的人。大量优秀人才涌入，使这个职业变得不再轻松。加上国家法律法规日益完善，2016年9月，国家新闻出版广电总局下发《关于加强网络视听节目直播服务管理有关问题的通知》，同年11月4日，国家互联网信息办公室发布《互联网直播服务管理规定》，直播平台管理更加规范，很多从业者为了获得更大收益而选择做全职主播，由专业机构运营。

3）直播基地全国化，主播"人设"垂直化

在疫情"催化剂"的推动下，直播带货火遍全国，与之缠绕的MCN机构和"达人"经济再次站上风口。在市场需求刺激与政策的支持下，直播基地如雨后春笋般不断出现。据不完全统计，2020年以来，包括广州、深圳、青岛、义乌、四川等超过10个省市和地区发布了促进直播产业发展的相关政策，其中，"构建直播电商产业集聚区""打造直播电商之都"成为多地的发展目标之一。

在竞争激烈的直播行业，主播为了让"粉丝"对自己产生记忆点，逐渐将"人设"垂直化，给自己建立标签：通过固定的穿衣打扮、内容形式、口头禅等建立外界对他们的认知，例如，李佳琦在直播时常说口头禅"Oh my god！所有女生，买它买它"。这些有相当程度的传播力并符合主播的人设的标签通过视频内容呈现，而且要在几乎所有视频中都得到体现，"粉丝"才不会对主播产生混乱的印象。垂直化打造，限制主播在镜头前呈现的性格特征及内容，能很大程度上保持稳定输出，从而留住"粉丝"。

4）抖音、快手电商化、规模化

2017年12月抖音上线购物车，2018年5月抖音可开通明星商品橱窗；2018年6月快手上线快手小店。抖音、快手凭借短视频领域的"东风"，迅速捕捉用户需求并在商业化道路上对淘宝造成打击。2018年淘宝直播突破1 000亿元GMV（Gross Merchandise Volume的缩写，即一段时间内的成交总额），快手和抖音的直播加起来也达到了1 000亿元GMV。

传统短视频主播和平台的变现方式是接广告，而现在则有所不同，用户可以直接在短视频平台完成整个购买流程，也可以在抖音及快手平台开店。与此同时，抖音与快手也大大降低了电商主播变现的难度。现在，在抖音平台，主播只需要发布十个视频并完成实名认证，便可以开通商品橱窗并在视频中添加商品链接；而快手平台则对电商变现更为包容，主播只需要完成实名认证便可以添加商品。快手2018年年报中的数据显示：2018年全年在快手获得收入的用户一共有1 600万人，平均每个带货视频可以带来1 069元的收入。

如果每个主播年平均带货的视频为10个，那么快手的年GMV为1 710亿元，不少于淘宝年GMV的1/16，这个数字已经相当可观。随着平台战略升级，抖音与快手两个短视频平台电商化程度越来越高，在商业化的道路上对淘宝造成冲击。

5）电商直播普及化、全民化

疫情之下，部分企业复工复产遭遇困难。作为新的消费业态和销售形式，电商直播为许多企业及行业提供了复工复产复销的新思路，也为一众企业的发展提供了新的发力点。一次次直播活动的成功，不仅为企业增添了"人气"，也让他们逐渐找回信心，无数企业都加入了电商直播的"战场"。2020年，某电器集团董事长放话："我坚持线下，绝不直播带货。"然而十天过后，该董事长便宣布将在抖音直播间等着用户。无数影视明星出现在直播间，除了一些"综艺咖"，流量明星们也越来越频繁地出现在直播间。2018年淘宝主播人数仅6 000人，而在2020年3月底，淘宝宣布已经与100万人以上的主播合作。

2020年，直播成为最大的风口，万物皆可直播、人人都能带货，电商直播逐渐普及化、全民化（见图4-1）。

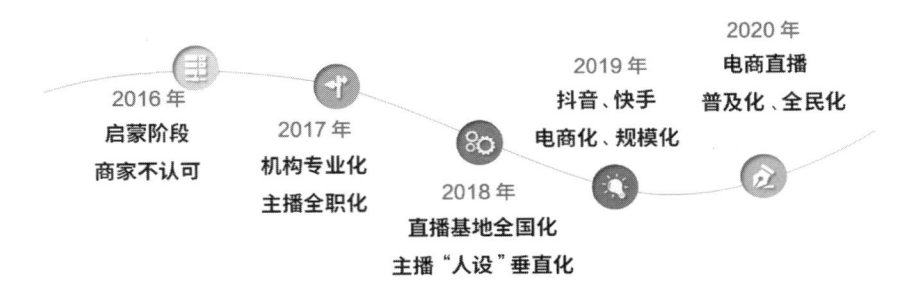

```
2016年          2019年      2020年
启蒙阶段          抖音、快手    电商直播
商家不认可   2017年  电商化、规模化  普及化、全民化
         机构专业化
         主播全职化
              2018年
              直播基地全国化
              主播"人设"垂直化
```

图4-1　直播发展历程回顾

3. 5G时代电商直播发展趋势

1）个人IP大量涌现

个人IP的兴起并不是偶然现象，而是社交网络媒体发展过程中出现的一种新产品。IP的本质是"粉丝"经济，就是通过自身的内容，创造出细分领域的大市场。曾经，论坛、社区、微博、贴吧等平台创造了一大批流量明星，从在天涯社区走红的安妮宝贝到获得1 200万元投资的Papi酱，再到网络直播平台的冯提莫，这些人都凭借独特的内容打造属于自己的个人IP，吸引了大量"粉丝"。5G时代，电商直播乘风起飞，刚踏进电商直播领域的主播为了更好地吸引"粉丝"，都在着重打造个人IP，以在"前有敌人，后有追兵"的境地中争夺一席之地。

2）短视频电商崛起

素有"互联网女皇"之称的玛丽·米克尔在2019年的互联网趋势报告中专门用了一个章节解读中国互联网的发展趋势。报告显示，2017年4月—2019年4月，中国短视频App日均使用时长从不到1亿小时增长到了6亿小时。短视频的崛起，让无数电商看到了风口。早在2018年，短视频"小猪佩奇身上纹，掌声送给社会人"流行网络，使得小猪佩奇相关周边产品在淘宝等电商平台销售火爆。通过短视频的方式，相关商家、厂商可以获得更大的曝光率，更多消费者得以了解产品。短视频电商逐渐崛起，带来了巨大的利润空间，成为新时代电商重要的商业模式。

3）直播基地规模化

电商直播基地至少需要为主播和MCN机构提供三方面价值，即场地、流量和供应链。直播基地的收益一部分来自空间收益，包括直播间、办公室、设备设施租赁等，还有一部分来自服务，包括从货品、商家以及流量中抽成等。而且随着产业的纵向发展，直播基地逐渐承载着孵化器的功能，包括商家培训和咨询、企业IP/"达人"IP孵化运营、短视频内容创作及拍摄、代运营服务等。一般小型的个人直播基地无法满足MCN机构、商家及"达人"的需求，因此直播基地逐渐分化，签约头部主播或者拥有政府扶持的大型直播基地才可能实现盈利。未来直播基地的持续发展会加速行业的规范化和规模化。

4）播商创业普遍化

播商，顾名思义就是直播电商，这里指"直播微商"。由于在朋友圈的"过度营销"和私信优惠券的"骚扰"，如今微商的市场环境不容乐观，加之行业内流行"宁可没人买，不能没货卖"，微商库存较多，现金流紧张，无数人退出，剩下的微商则不断寻找新的产品销售方式。短视频兴起，无数微商纷纷入驻，为本已呈现颓势的行业注入了新的生机，无数微商因此获利。但是好景不长，随着官方平台对微商加强监管，微商获客难度增大，运营又变得艰难。2020年新冠肺炎疫情之下，微商们找到了新的突破口——直播带货，与此同时，国内用户数量最多的平台——微信也推出了直播功能，给想要寻找互联网推广新渠道的微商们提供了机会。未来无数微商将从直播入手，播商创业将普遍化（见图4-2）。

图4-2　5G时代电商直播发展趋势

4. 淘宝直播现状及趋势

无论是成交额，还是开播次数，抑或用户规模，都证明着淘宝是全世界最大的直播平台。在2019年的淘宝直播盛典上，淘宝发布了《2019年淘宝直播生态发展趋势报告》，该报告显示，2018年淘宝直播平台带货超过1 000亿元，同比增速近400%，创造了一个全新的千亿级增量市场。经过几年的积淀，越来越多的行业被淘宝直播改造。同时，随着越来越多的消费者通过淘宝直播完成购买，2018年加入淘宝直播的主播人数较前一年劲增180%，月收入超过百万元的主播超过100人。淘宝直播不仅带动了女性、农民就业，还为各行各业创造了人人可参与的新就业模式。2019年天猫"6·18"期间，淘宝直播引领了全民直播、万物可播的风潮，300多位影视明星、600多位企业总裁、四大卫视、40档综艺节目、50大商圈……都加入淘宝直播。

边看淘宝直播边"剁手"，已经成为很多人新的网购方式。数据显示，淘宝直播日均直播场次超6万场，直播时长超过15万小时，相当于33 000多场春晚的广告效应。

无数商家及影视明星看到直播发展态势良好，都参与到淘宝直播中。大家熟悉的豫园、广州塔、宽窄巷子等全国各地的地标，都在

2019年"6·18"期间集体开播。淘宝直播带来的巨大消费新增量，带动部分品牌商圈的成交额增长率达到187%。而2018年一些影视明星"顶流"为了宣传作品，也出现在一些头部主播的直播间内。

淘宝直播负责人说："2018年不是淘宝直播真正的风口，真正的风口还未到来。"他认为，淘宝直播的真正风口应该在2021年5G全面普及后到来。未来，直播这种方式应该会成为品牌与消费者沟通的渠道。在品牌的直播间不仅会有直播销售，更会有类综艺的品牌传播玩法，品牌直播甚至会成为品牌在营销过程中一个非常重要的IP符号，这是品牌营销未来的发展趋势。

4.1.4　直播带货八大特点

1. 激发

直播带货的特点之一是激发，激发用户需求和不断"洗脑"推销。直播带货与千禧年开始流行的电视购物相似，都是主播（主持人）不断强调产品实用、价格实惠，引导用户下单，只不过电视购物的传播媒介是电视，而直播带货的传播媒介是互联网。

2. 方便

直播带货的特点之二是方便，用户可以随时随地"看看看、买买买"。直播带货不受地域或时间限制，只要用户想要买东西并且手机联网，可以连上直播平台，便可以通过手机下单购买产品。

3. 真实

直播带货的特点之三是真实。在直播间内，主播可以通过美颜滤镜美化自身形象，但是产品图不能经过处理。在直播间内，主播要为

"粉丝"提供最真实的产品图，让消费者近距离观看产品。

4. 直观

直播带货的特点之四是直观。直播提供了比传统电商平台更为丰富的商品展示形式，配合主播的精彩解说，用户可以很直观地了解产品的优缺点。过去，用户在线上购买衣服时，只能通过商品详情页提供的数据与自身数据进行比较，进而挑选相对适合的衣服，这种方式十分麻烦且不准确；而在直播间内，用户可以通过主播试穿衣服直观地看到衣服的上身效果，觉得合适便可以下单。

5. 高效

直播带货的特点之五是高效。对用户而言，用户有问题不需要问客服和等客服回复，在直播间内直接问主播，就能够立刻收到回复；对主播而言，他可以在同一时间段内服务多个用户，提高服务效率。例如在疫情期间，原本专注于线下销售的国产护肤品品牌林清轩开通淘宝直播，鼓励线下导购在直播平台接待用户、服务用户，在直播过程中，一个导购可以实现"一对多"服务，大大提高了时间的利用效率。

6. 便宜

直播带货的特点之六是便宜。头部主播会凭借庞大的"粉丝"基数压低供应端价格，利用知名度尽量为"粉丝"争取更多优惠和赠品，与此同时，其团队会与供应商签订限期保价协议，即保证在约定期限内出现在直播间内的产品是全网最低价。而以商家为主的直播间内，也会为消费者提供较为优惠的产品。品牌方的目的是通过直播的低价打响招牌，促使消费者聚集。

7. 活动丰富

直播带货的特点之七是活动丰富。在直播间内，普通用户不仅能享受到优惠，还能够参与直播间内秒杀、红包雨、抽奖等活动，还可以报"暗号"给客服领取赠品，参与低价秒杀。

8. 低门槛

直播带货的特点之八是低门槛，直播带货不需要主播有特别丰富的专业经验，只需要主播能说。用户需要的是一个会给予陪伴、会讲解产品参数的主播，而不是一个支支吾吾说不清产品信息的人，所以用户对于主播的最低要求是——能说。

5.1.5 商家直播现状

2020年无数中小商家想涉足直播，但是与头部商家相比，中小商家缺乏相关专业知识、人脉资源与启动资金。在没有人脉资源的情况下，商家也无法第一时间找到与自己的产品及店铺相匹配的主播。一个成功的淘宝直播"达人"一般具有个性化的魅力，拥有具备一定黏度的"粉丝"基础；有颜值或者有特色，能够吸引眼球；逻辑清晰会表达、有亲和力，善于发现产品的卖点并融入直播中。但这样的主播实在是凤毛麟角，中小商家一般没有机会接触到。

对于中小商家而言，直播如同鸡肋，食之无味，弃之可惜。直播能够帮店铺引流，帮助卖家了解买家的实际情况，这固然是事实，但是搜索流量、直通车、淘宝客竞争激烈，中小商家不懂如何更新产品、何为复购周期、怎样调整价格、怎么延长直播间"粉丝"停留时间……中小商家进行淘宝直播的难度可想而知。

4.2 直播平台的选择

4.2.1 公域直播和私域直播

当直播成为一种潮流，如何选择合适的直播平台就尤为重要，一般直播平台分为两类，一类为公域直播平台，一类为私域直播平台。公域直播属于导购类直播，主播数量多，市场趋于饱和，平台有运营门槛，需要专业运营团队或直播服务商，流量和"粉丝"获取成本越来越高；而私域直播去中心化的分发逻辑和传播路径可以提高用户触达率，封闭式私域流量基础上的直播运营可盘活商家已有流量。

常见的公域直播工具有淘宝直播、抖音直播、快手直播、京东直播、拼多多直播等。常见的私域直播工具有腾讯直播、有赞爱逛直播、小程序直播等。确定选择私域直播还是公域直播是主播选择直播平台的第一步。

1. 公域直播

1）公域直播现状

公域直播门槛高，难度大，竞争激烈，"粉丝"特征不够集中且变现极难。淘宝头部主播每天都进行直播，2019年李佳琦直播389场。他们不停直播的原因在于一旦停播，数据便会落后，根据算法产生的流量推荐便会减少，权重便会下降；并且，一天不直播便意味着一天不与"粉丝"见面，而快餐时代，与"粉丝"少见面一天，"粉丝"遗忘主播的可能性便增大一分。而且淘宝直播平台现在正在遏制头部效应，加大培育商家直播并开始扶持腰部主播，头部主播们正面临前有"豺狼"——淘宝推荐机制、后有"恶虎"——腰部主播的尴尬境地，他们不能停播，也不敢停播。

2020年，淘宝直播要一改流量和资源集中在头部的状况，想要变成一个大部分人都能参与的直播场地。对商家而言，与头部主播合作更多的是看重流量而不是销量，借助大主播的流量进行营销，由中小主播负责出货是如今多数商家的选择。对于那些客单价较高、品牌知名度较高的商家来说，并不太可能通过直播来缩短供应链、增加利润，同时他们也并不适合进行"价格最低"等极端营销方式，因为这会伤害其原本的销售渠道，对品牌溢价产生影响。这也是如今大牌美妆品牌大多送赠品而不在单品价格上让步的原因。这类商家进入直播间，要做好只是"花钱打个广告"的准备。

尽管淘宝直播想要创造全民直播的模式，但是短时间内依旧改变不了头部主播垄断公域流量的现状。当人们提及淘宝直播时，大多数人只知道那两位"最了解女人的男人和女人"。

公域直播的流量完全依赖平台，对大小主播而言都不太有利，主播们完全不知道平台是否会分流量给自己，头部主播担心平台政策倾斜程度对自身不利，腰部和底端主播则思考如何匹配算法以便抢到一点流量。

2）公域直播中套路商家的"坑"

2020年疫情之下，直播成为一个风口，人人都看好直播，人人都开始直播，人人都企图从直播中分得一杯羹，但不得不说，对很多企业来说，"直播带货"是美丽泡沫，"是一刹那火花，一触碰便破碎"；对于没经验的普通人来说，直播也一样，入行前以为是个"美梦"，入行后才知道是个"噩梦"。

下面列举公域直播中常见的几种套路。

套路一：收坑位费

天下没有免费的午餐，不是产品好，主播便会帮商家免费带货，绝大多数合作都是有偿的。商家与主播有两种合作方式。第一种是"佣金"形式，即主播帮商家销售，对应提佣金。根据主播级别不同、产品不同、佣金的提成比例不同，市面上的主播红人佣金提成比例大多集中在20%~40%。第二种是主播收取坑位费并根据收益抽成。所谓坑位费，简单来说便是产品在直播时被主播介绍需要支付的费用，也就是商家需要给"达人"的"出场费"。市面上，主播的坑位费从几千元到几十万元不等。在直播行业尚未规范发展时，有不少"粉丝"量看起来很大，但是没有带货能力的主播通过收坑位费发了"横财"，更有专门的机构向主播传授骗取坑位费的方法。

套路二：变相提佣金

除了坑位费之外，有的MCN机构还会在带货佣金上做文章。一般来说，直播带货的佣金提成比例大概为20%~40%，为了吸引更多商家，一些MCN机构会将佣金下调到10%以下。而后机构会想方设法调高佣金比例，比如等商家寄了样品后，他们就会以产品利润少、主播推广投入精力多等理由，要求提高佣金比例。此时，一些商家因前期联系机构已花费较多人力、物力，便会默许这种"商业欺骗"，故而使用此种手段的机构屡屡得逞。

套路三：保证销售额，套取佣金

还有一种套路是MCN机构向商家承诺保证销量，比如保证5万元销售额，前提是让商家支付20%的佣金，额外再加上一笔5万元服务费。然而让很多商家没想到的是，机构会装模作样直播一次，然后用这5万元服务费购买商家的产品，顺便赚20%的佣金，然后退一部分货，再捞一笔。

2. 私域直播

社群标准化、规模化后，社群所属的私域直播便有更大的势能。私域直播不仅是成交转化的平台，更是品牌最佳的"种草"和"裂变"平台。品牌可以在直播间放置二维码，引导"粉丝"分享直播链接到朋友圈或社群，不断实现高效精准的裂变拉新。

与公域直播活跃在各大公共直播平台不同，私域直播显得很低调，大多活跃在微信小程序中。公域是靠"达人"吸引"粉丝"，然后通过优惠把"粉丝"转化成顾客；而私域是通过渠道告知消费者这个直播有优惠和福利吸引顾客。

私域直播与私域流量类似，都具有得天独厚的优势。

第一，公域直播流量成本高，私域直播流量成本低。在淘宝、抖音等平台直播，前期需要投入大量运营成本，花钱、花时间从公域流量池中获取"粉丝"，而且在淘宝、抖音、快手等平台找主播做直播需要支付坑位费、佣金，而且平台还会抽成；反观小程序直播，则能够让企业不受制于平台方，激活自己长期积累的私域流量，而且背靠微信这个"国民应用"，可以利用有11亿个用户的超级触点效应，通过社群、朋友圈、公众号、企业微信等多种方式引流，加上社交裂变，成本要低得多。举例来说，在淘宝直播，某头部主播的坑位费超过30万元，且需要抽取20%的佣金；而在某品牌的私域直播活动中，开播半小时直播间人数达到25万，主播说总观看人数达到30万就可以抽价值3 000多元的奖品，号召现有用户拉人进来，短短的几分钟，观看用户就从25万人增加到30万人，这相当于仅花了3 000多元，就拉来了5万名用户。

第二，公域直播留存难，长期维持直播热度的难度较大。品牌在淘宝、抖音、快手上进行直播，可以将"粉丝"沉淀到平台账号上，但这些平台不是去中心化的，理论上这里的流量不能算是品牌账号真正的"粉丝"，因此不论是做直播还是发内容，都可能面临没有流量的情况。而私域直播的流量来自私域，来自社群，这意味着"粉丝"通常是品牌的忠实用户，或者有过购买行为，或者为忠实用户介绍的潜在用户，他们对产品本就有兴趣或需求，直播是在此基础上推动一下，这比撬动零感知力的大众群体难度更小。

在私域直播，意味着每场直播后都会有定向用户的沉淀，意味着每一场直播都能实现品牌和用户的互动，这种如同滚雪球效应般的互动、沉淀、再互动，能够实现更好的销售和转化。以林清轩创始人孙来春为例，林清轩的直播背后是对社群的精细运营。2020年4月2日，1 600多名林清轩门店导购连接的3 000个用户社群，为孙来春联手微盟创始人孙涛勇在小程序中直播带来的流量。这场直播两小时内销售200万元，吸引超过31万人次观看。

第三，私域直播对某些内容更友好。私域直播分享对某些培训、咨询顾问或2B企业十分友好，对这些机构或企业而言，在公域直播带货并不现实，因为在公域开课不具备私密性，而私域直播恰好为他们提供了渠道。比如某机构想给核心"粉丝"开小灶做培训分享，在微信群发语音太冗长而单调，互动性差，在快手、抖音上直播又不能保证"粉丝"福利，而且可能不是所有的"粉丝"都安装了这些App。但利用小程序，主播能随时快速发起私域直播，可以设定观看直播的口令等，直播间还具备讲解、资料共享、打赏、连麦等功能。对这种私密性的直播、无论是做培训的老师还是社群，都有需求。

私域直播是直播的深水区，未来，私域直播将不仅是众多品牌商的标配，也是所有企业的标配，是每个企业所必须把握的风口，也是想要争取属于自己的高光时刻的人需要把握的机会。

3."公私通吃"

目前，一大批房企巨头全部上播；影视明星、直播红人不惧"翻车"试水带货；而在朋友圈里，从置业顾问到项目总裁，房企从业人员早已全体"出道"。据一家地产智库的统计，已有151家房企开通了在线卖房业务。2020年5月5日，在小长假的最后一个晚上，某房企在抖音上演了"史上最强"的卖房直播：请来影视明星坐镇，30个会场同时开播，2小时吸引近800万人观看，登顶抖音直播小时榜，官方抖音账号增"粉"18万人，成为百万级账号，合计认购金额25亿元，一夜问鼎房企界"最牛播主"。该房企在直播时还派出数十位总裁派发超优惠折扣，共"砸"出数万张合计可抵扣几十亿元房款的购房券。在这场仅仅2小时的直播背后，是该房企营销体系的精密运转。该房企营销总部的营销人员集结数十个城市的房源，号召总部、大区、项目全员参与，使线上线下无缝联动，海量媒体立体覆盖。不过，如此大投入的直播也只有大企业才能负担得起。

4.2.2 如何选择直播平台

在直播盛行的时代，想要从直播中分一杯羹的人有很多，但是要获得成功并不简单，先不谈是否有一定的"粉丝"基础及平台是否提供流量扶持等外部因素，单就内部因素——如何根据自己的直播形式以及直播风格选择平台，便是一个让人头疼的问题。

从整体看直播领域的现状会发现，直播的内容分为美妆护肤、幽默搞笑、电子竞技、娱乐才艺这四类。美妆护肤的内容为美妆技巧、服装搭配、美容护肤等；幽默搞笑的内容为恶搞视频、娱乐八卦、网络段子、冷笑话等；电子竞技的内容为热门游戏解说和陪玩；娱乐秀场的内容为唱跳、分享唱跳心得等。

2020年年初，直播平台迎来了井喷式增长，相对于专业垂直直播平台，短视频、社交、电商、综合视频平台等也纷纷布局了直播业务。这对于想要进入直播领域的人来说，在决定直播时，反而面临了选择平台的难题。选对直播平台对于主播及商家而言至关重要，它关系到投入到营销之中的资金和精力是否会带来相应的流量及收益。

基本了解直播内容后需要根据各个平台的主要特点来选择合适的直播平台。

1. 斗鱼直播

斗鱼是一个弹幕式直播分享平台，为用户提供视频直播和赛事直播服务。斗鱼直播以游戏直播为主，涵盖了娱乐、综艺、体育、户外等多种直播内容。当多数人对直播的印象还停留在"直播即达人"时，斗鱼却开了全民直播、人人直播的先河。斗鱼作为直播行业的"领头羊"，依靠强大的技术实力、创新精神以及充足的资金，不断争做"第一个吃螃蟹的人"。

开通直播的方式：注册虎牙账号，完成实名认证即可。

2. 虎牙直播

虎牙直播是我国领先的弹幕式互动直播平台。虎牙直播以游戏直播为主，涵盖娱乐、综艺、教育、户外、体育等多种直播内容。虎牙直播覆盖PC、Web、移动三种终端，用户可以以文字弹幕的形式与主播实时互动，享受社交乐趣。虎牙直播一直以来注重UGC（用户原创内容）创造力的充分释放，演唱、游戏、聊天、DJ、说书等表演均有其固定的参与者和"粉丝"。

开通直播的方式： 注册虎牙账号，完成实名认证即可。

3. YY直播

YY直播是国内网络视频直播行业的奠基者，一直以来都很注重UGC创造力的充分发挥，给演唱、游戏、聊天、DJ等表演形式以流量扶持，是一个集音乐、科技、户外、体育、游戏等内容为一体的大型直播平台，但平台主要为秀场模式，即用户以男性为主，主播以高颜值女性为主。

开通直播的方式： 注册且成为星级公会旗下的签约艺人即可，但是非偶像的直播间为试用直播间，观看人数上限为200人，若试用期结束后仍未成为YY偶像或者YY超级偶像，则直播资格被撤销。

4. 花椒直播

花椒直播是一款日活跃用户超过500万的超大型移动社交直播平台，它最大的特色是具有其他直播软件无法比拟的明星属性，此外，花椒还专门打造多档自制直播节目，涵盖文化、娱乐、体育、旅游等多个领域。

开通直播的方式： 注册用户通过实名认证申请便可以成为主播。

5. 淘宝直播

如今，线上购物已经被越来越多的人所接受，对于线上购物，消费者早已不满足于传统的搜索、购买模式，有明确的消费目标，而更倾向于接受商家、达人等输出的内容、传达的消费理念。

淘宝直播是阿里巴巴推出的直播平台，属于消费类直播，用户可以边看边买。淘宝直播与其他直播一样可以点赞、互动，直播页面有商品链接，直播内容也围绕商品展开，这是与其他直播平台的主要区别。该平台女性观众占绝大多数，每晚八点至十点不仅是收看的高峰时段，也是用户们下单的高峰时段。目前淘宝直播的形式主要分为两类：一是店铺直播，二是"达人"直播。店铺直播是以店铺为主体，以店铺的名义、权限来开直播，而"达人"直播是以个人直播的形式，他们通常拥有一定的"粉丝"基础，有一定的带货能力，其中以李佳琦等头部主播为代表人物。他们凭借强大的团队为直播提供优质且足够便宜的产品，促使"粉丝"下单。他们在淘宝直播没有直接的收益，只能获得坑位费和直播收益分成。

开通直播的方式： 打开手机淘宝App，进入淘宝直播，在搜索栏中输入"主播入驻"并点击搜索，选择想要入驻的主播类型，进入后下滑屏幕，点击"一键开通直播权限"，按照系统提示填写信息即可。开通店铺直播需要缴纳店铺保证金，"达人"直播需达到一定等级。

6. 抖音直播

抖音于2016年9月上线，是一款专注于音乐短视频的社交平台。2020年，抖音大力推进直播板块的发展，想要通过抖音直播引流和赚钱的人也不计其数。

开通直播的方式： 在抖音开通直播有三种方式，一种为自主申请，即直接在抖音后台的"反馈与帮助"中找到具体的自主申请流程，查看资质是否达到要求，然后准备相应资料并提交；一种为达人申请，如果你是有特色技能且不符合后台申请条件的人，可以直接发送个人资料给抖音官方申请开通，内容包含抖音昵称、抖音ID、抖音个人主页截图、抖音作品链接、本人身份证照片等；一种为平台邀请，当直接被平台授予开通直播的权限时，只需要根据平台发送的邮件按要求完成申请即可。

7. 快手直播

快手直播中"打赏+带货"两种形式并行，主要针对下沉市场（三线及以下城市、县镇与农村地区的市场），这类市场的基本特征为范围大且分散，服务成本高，所以快手规则少、产品销售"短平快"、用户多样化，其热门销售商品类别为食品饮料、美妆、家居日用等。

开通直播的方式：注册快手账号并实名认证，在快手的主界面找到"设置"界面，在"设置"中找到"实验室"，按照开通直播功能的指引完成一系列任务。快手对主播的"粉丝"量和观看其他主播时长有一定要求。

8. 哔哩哔哩直播

哔哩哔哩直播是国内首家关注ACG（Animation、Comics与Games的缩写，动漫、漫画、动漫的总称）直播的互动平台，用户可以看见最年轻的生活方式——学习、游戏、电竞、宅舞、唱歌、绘画、美食，等等。该直播平台流量大，对新人有一定的保护，适合主播长远发展。

开通直播的方式：进入哔哩哔哩网站，点击头像，选择直播中心，点击"我的直播间"，点击"立即开通直播间"即可，如果尚未进行实名认证，系统会提醒实名认证。

4.3 直播基本装备配置

头部主播的直播间配置十分齐全,所以直播效果非常好。合适的直播设备对于主播而言是必不可缺的。

4.3.1 直播间设备

1. 手机稳定架

手机稳定架的作用不仅是固定手机,更可以方便地调整角度,让主播展示最美的一面。常见的手机稳定架有落地式支架和桌面支架两种,在选购手机稳定架时,需要注意稳定性、便携性及是否可以多角度灵活拍摄。有底座的手机稳定架通常为了增强稳定性能而加厚底座,因而不够轻便;而三脚架类型的比较占空间。总之,主播需要根据自己的直播环境和条件进行选择。

2. 补光灯

补光灯能够帮助主播调节身边的光线,让直播间的画面看起来更加舒适、丰富多彩、有层次感,吸引更多的"粉丝"停留更长时间。灯光效果需要根据主播站位、楼层高度、直播内容等进行调整,不同补光灯的作用不一样,主播应按需选择。

1)长方形柔光灯

其作用是照亮主播身边的装饰物、帘子、背景墙。这种补光灯常用于人物拍摄。

2)球形柔光灯

其作用是照亮主播正面及整个空间。这种补光灯模仿我们身边最大的自然光源——太阳。作为一种球形发光体,其光线可以散发到整个空间，而且比较均匀。

3）环形补光灯

其灯管呈环形，独特的外形使其可以有效地消除拍摄中的阴影，帮助主播消除眼袋、鼻影等，使镜头中主播的脸更加精致。在直播过程中，环形补光灯还可以在人眼中映出一个环形的亮斑，十分美观。

3. 声卡

声卡是计算机多媒体系统中最基本的组成部分，是实现声波相互转换的一种硬件，声卡的基本功能是把来自话筒、磁带、光盘的原始声音信号加以转换，输出到耳机、扬声器、录音机等音响设备中。声卡可以帮助主播打造良好的视听氛围和声音效果。

4. 背景布

很多主播在直播带货时会使用背景布，当直播间环境不适合拍摄时，一块背景布可以帮助主播快捷方便地提升直播间的整洁度，掩盖凌乱，隔绝一切可能让"粉丝"反感的物体。背景布的选取也会影响"粉丝"的观看体验。

5. 录像设备

由于主播团队或企业经济条件不一，主播在直播过程中所用到的录像设备种类各不相同。经济条件一般的团队，主播使用手机进行直播。在使用手机直播时，需要使用录像效果清晰的手机。经济条件稍好一点的团队，可以考虑给主播配备摄像头。目前市面上的摄像头有两种类型，一种是高清摄像头，另一种是红外线摄像头。现在大部分直播间的主播都使用高清摄像头。

4.3.2 直播间设置注意要点

1. 灯光

灯光对物体成像影响较大。灯光分为主光、辅助光、轮廓光、顶光、背景光。主光承担照明作用，是映射外貌和形态的主要光线，可以使主播脸部受光均匀，是灯光美颜的第一步；辅助光是辅助主光的灯光，可以增加主播的整体立体感，起突出侧面轮廓的作用；轮廓光又称逆光，放置在主播的身后，勾勒出主播轮廓，可以起到突出主体的作用；顶光是次于主光的光源，从头顶位置照射，给背景和地面增加照明，同时加强瘦脸效果；背景光又被称为环境光，主要作为背景照明，使直播间的各点光照度尽可能统一，起到让室内光线均匀的作用，但需要注意的是，背景光的设置要尽可能简单，切忌喧宾夺主。

在灯光布置上，主光应该放置在主播的正面，与摄像头上的镜头光轴形成0°~15°夹角。从这个方向照射的光充足均匀，使主播的脸部线条柔和，起到磨皮美白的效果。打主光的缺点是从正面照射时会没有阴影，使整个画面看上去十分平板，欠缺层次感。

辅助光从主播左右侧面呈90°照射。在左前方45°照射的辅助光可以使面部轮廓产生阴影，打造立体质感。从右后方45°照射的辅助光可以使后面一侧的轮廓被打亮，与前侧光产生强烈反差，更利于打造主播整体造型的立体感和质感。要注意光比的调节，避免光线太亮使面部出现过度曝光和部分太暗的情况。

轮廓光应设置在主播身后的位置，形成逆光效果。从背后照射出的光线，不仅可以使主播的轮廓分明，更可以将主播从直播间背景中分离出来，突出主体。一定要注意轮廓光的亮度调节，如果光线过亮会直接造成主播身后佛光普照的效果，使整个画面主体部分过黑，同时摄像头入光会产生耀光的情况，使用不当容易产生负面效果。

顶光是从主播上方照射下来的光线，能产生浓重的投影感，有利于轮廓造型的塑造，起到瘦脸的作用。需要注意的是顶光发光位置最好不要离主播位置超过两米。顶光的优点很多，但缺点是容易在眼睛和鼻子下方形成阴影。

背景光的作用是均匀室内的光线，使主播美肤的同时保留直播间的完美背景。需要注意的是，背景光是起均匀灯光的效果的，因此应采取低光亮、多光源的方法布置。

每种灯光都有各自的优缺点，配合使用可以互补，找对灯光和做好灯光设置可以在很大程度上对主播的肤质产生提升。调光是一个漫长且复杂的过程，需要耐心。

2. 背景

直播间布置得好看与否会严重影响观众的观看体验。广义上说，直播背景包括除了主播外一切会被观众看到的物体。但一般情况下，直播背景是指主播身后的墙、窗户或货架。直播背景布置起来也相当考验主播智慧。

1）简洁干净

如果直播背景就是一面墙或者是窗帘、壁纸等，那么就要在颜色上下功夫。如果直播背景是窗帘，要尽量选择纯色和浅色的，这样更精简，视觉效果更好，而深色或者纹路繁杂的窗帘会给观众带来视觉上的压迫感，让人感到不舒服。当然，如果你的直播走的是可爱风，直播背景墙或窗帘可以用暖色清新风格的。如果是成熟稳重风，则尽量使用纯色的背景墙。

直播场所不同，所选择的背景也不同，例如，在卧室直播和在客厅直播选择的背景有差异。有的人在学生宿舍直播学习，则直播环境中可能有衣柜、床、桌子等物品，东西多的时候，应尽量保持环境干净整洁。

2）善用装饰点缀

如果直播空间很大，为了避免直播间显得过于空旷，可以适当地丰富直播背景，例如摆放一些小玩偶之类的物品，做到干净整洁即可。如果遇上节日，可以适当布置一些跟节日相关的东西，配上与节日相关的妆容和服装，以此吸引观众的注意，提升直播间人气。

为了让直播间看起来更有活力，可以在直播背景中放置一些绿植来提升直播间的氛围。可以选择小株仙人球盆栽，在花盆中适当铺上几层色彩斑斓的小石块，这样既不占用过多空间，又能起到清新空气的作用。

3. 构图

1）三分法

三分法是经典的摄影法则，适当使用三分法可以将被摄影的主题集中在视觉的焦点处，同时又和周围环境和谐配合，得到兼具美感和重点的影像。主播可利用三分法使自己处于直播画面的焦点位置。

2）中心法

中心法即中心构图，顾名思义就是把想要拍摄的主体置于拍摄画面的中心。中心构图多给人庄严的感觉，适用于拍摄外景直播。

4.4 主播团队打造

4.4.1 主播选拔与打造

1. 适合成为主播的人群

主播是直播的关键，一个主播水平的高低决定直播效果的好坏。不同直播对主播的要求不一样。游戏直播的主播多为游戏"大神"；秀场类直播的主播需才艺、颜值、个性突出。而侧重电商且直播商家为小微企业的直播，其主播应考虑由创始人、店长、客服、专业团队担当。创始人打破沟通壁垒，直接与用户对话，有利于企业价值观、思想的传递，有利于个人IP打造和培养用户黏性；店长熟悉产品特性，了解不同竞品间的差异，便于消费者直观地了解产品；客服长时间与消费者打交道，善于与人沟通，能快速把握消费者需求；专业团队拥有专业的直播思维以及长期的直播经验积累，可以专业地解决直播间的突发情况，给消费者注入强心剂。

合适的主播会为企业带来很高的收益。例如，百果园的"霸道总裁Peter朱"全名朱启东，是百果园集团的总裁兼商品中心总经理，他从0到1构建了百果园的水果采购标准和体系。结合上文所述，可知Peter朱为"创始人+店长"型主播。百果园营销中心副总监介绍："朱总能够用简单直白的方式让消费者了解果品的优点，他总会讲很多趣闻，教一些挑水果的小技巧。"这样兼顾个人IP打造及内容专业而不失趣味的直播，让朱启东在2020年5月22日的直播中吸引30万人观看，实际下单量高达5 000笔，累计销售额达到100多万元。

在这个例子中，朱启东直播成功的秘诀在于将商家直播与达人直播相结合。商家直播品牌化，以需求为驱动，创造消费需求，追求性价比认同；达人直播人格化，塑造个人IP以情感为内驱，追求人格认同，引起跟从消费。朱启东的身份为总裁，以企业品牌为性价比背书，以专业介绍为认同背书，成功将直播收益最大化（见图4-3）。

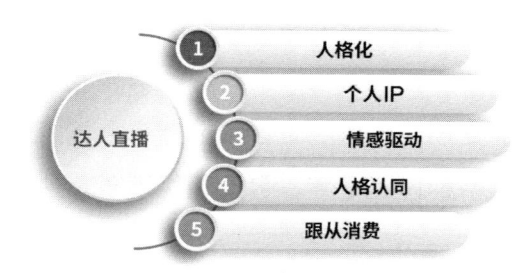

图4-3 达人直播的优势

2. 主播的选拔要求

在中国最有消费能力和消费意愿的群体为女性群体，因此电商直播的"粉丝"以女性为主，对于主播的选择也应该以符合女性群体口味为大前提。主播入门应有门槛，不能在企业中随，选拔应该符合以下要求。

1）颜值筛选

爱美之心，人皆有之，古今中外，概莫如是。对美貌的追求是人的天性，没人会无故拒绝美丽的事物、美丽的人。所以在选拔主播时，考察点必须包含颜值，在适宜的主播人群中筛选颜值出众、有辨识度，以及能让大多数人产生好感的人很重要。在直播时，男主播要干净整洁，女主播要面部无阻挡、无乱发，主播最好不要戴眼镜，防止镜片反光，如果近视，则最好佩戴隐形眼镜。

2）口才筛选

带货主播要语速飞快、情绪饱满、吐字清晰。快语速及清晰的逻辑能抓住观众的注意力，在短时间内完整介绍产品特性。不仅如此，主播进行直播时应注意语调要有高低升降，要适当地使用笑语言、重音、轻读等多种形式，声音要洪亮，吐字要清晰可辨；语速根据需要改变，兴奋时可以加快语速，比如发红包或者抽奖的时候，而讲解商品功能、试用商品时语速则要慢一些，让用户充分理解商品的特性；语气是表现主播的立场、态度、个性、情感、心境等的语言形式，主播应该带入真实的情感说一些事，自然而然地表露应有的情绪，这样有助于拉近与"粉丝"的距离。

3）亲和力

在快节奏时代，主播的亲和力对留存"粉丝"至关重要。观看直播的绝大多数都是陌生人，在这种情况下，第一印象很重要。如果主播在直播中一脸阴沉、对"粉丝"爱答不理的，那么，"粉丝"肯定不买账；相反如果主播本身就表现得很有亲和力，那么即使是陌生人也会愿意和主播互动，这样不论"粉丝"是否购买商品，都炒热了直播间的氛围，让直播间被更多的人看见，主播直播就会越来越轻松。

3. 主播的专业打造

成功的主播是需要好好经营和打造的，任何一个主播的成功原因都不像表面看到的那么简单。任何主播的成功都离不开产业端的认可，而产业端的认可则来自消费者的认可。在直播商业模式中，零基础营销可采用以下方法。

1）起好艺名

艺名要简单直接，不让消费者产生隔阂感。艺名便是主播的人名，便是主播的脸面，倘若艺名给人一种拒人于千里之外的隔阂感，又怎么能指望观众愿意亲近？艺名既要与本人的工作相关，又要符合"人设"。例如，有一个主播艺名为"校长妈妈"就很妙——主播本人是校长，但落脚点在"妈妈"，这不难让人想到她是一个既专业又温柔体贴、爱孩子的女性。主播的艺名不要太"非主流"，也不要太"高冷"，艺名要起得让普通人易于接受。

2）立好"人设"

成为一个合格的主播并不容易，需要对自身进行修炼和包装。立好"人设"其实就是把主播标签化，建立标签和主播之间的强关联。当提到某某主播的时候，用户的第一反应就是那个非常有特点的标签。"人设"要与本人条件接近，让人记得住。例如，李佳琦的"人设"是"口红一哥""女生的男闺蜜"，李佳琦对"粉丝"的爱称为"所有女生"。这种"人设"有足够让大众记住的记忆点。"人设"可以有一个标签，也可以有一组标签，标签的数量因人而异。在包装的过程中需要寻找一些具有传播度、易于记忆的标签去匹配主播。标签需要主播通过一系列行为表现出来。当这些行为成为固定的行为，用户就会把这些行为所表现出来的标签记住。

3）多人组合

直播时可增加与家人、朋友的互动，产生看点。直播前尽量取得家人的理解，不要让家人远离直播间，"素人"直播时如果能有孩子或者家人出镜，为"粉丝"展现有爱的互动，对积攒人气很有帮助。

4.4.2 主播培训

1. 商品培训

商品培训阶段即主播了解商品的时间段。在开播前，团队给主播讲清楚产品的参数，以防直播时"翻车"。2020年，某明星在快手平台上进行直播，销售业绩惨淡，很大一部分原因在于专业性差，没有认真准备，根本不了解商品的特性，导致收看直播的用户接收不到有用的信息，不会产生购买的欲望。

2. 话术

在培训主播时，需要告知主播顾客提出的常见问题，把握顾客的需求，真诚对待顾客。例如，在一些优秀主播的直播间里，有孕在身的"粉丝"会问孕妇是否能使用主播正在介绍的护肤品，主播会耐心解这款商品里面是否含有孕妇不宜的成分；有的职场"粉丝"会问出差能不能带洗牙器，主播便会将洗牙器的套装盒子打开，让"粉丝"清楚地看到便携洗牙器的大小，主播还会现场演示便捷式洗牙器的用法，让"粉丝"看到真实的洗牙效果，打消"粉丝"顾虑，坚定购买的决心。主播真诚对待"粉丝"，用心回答"粉丝"的问题，就会使"粉丝"停留的时间越来越长。

3. 心态

主播是否赚钱、能赚多少钱，关键在于心态，其次是能力。做直播需要有归零的心态，直播是新的开始，主播要有在新的领域从头再来的觉悟，要放弃过去的成绩。做直播还需要有积极的心态，刚开始做直播时，观看的人一般很少，需要主播保持良好的心态，坦然面对。如果主播站在直播间，直面几十万甚至几百万"粉丝"，接受他们的"评审"，也会有各种突发情况发生，这对主播的应变能力、心理素质等都是考验。直播时，主播要有朋友思维，要有耐心，要明白自己站在直播间其实就是在把自己认为好的东西分享给大家，要做到像给朋友"种草"那样真心实意，对产品的讲解要客观，在讲解产品优点的同时，也要分析产品不适用之处，比如有些护肤品适合油性皮肤，对干性皮肤可能就不太适合，有些衣服高个子的人穿着好看，小个子的人穿可能就不适合，这些都是需要在给"粉丝""种草"的时候说清楚的。同时主播还要有足够的耐心，对"粉丝"重复提出的问题进行耐心解答。

4.4.3 直播助理

直播间助理应辅助主播回答"粉丝"提问，能在主播不在镜头内的情况下撑起直播间；当主播在直播间内时，助理就如同相声中的"捧哏"，负责气氛的烘托和圆场。一个好的直播助理能让直播间氛围更加融洽，也能让主播更加放松。

4.4.4 场控

场控就是控制场面的人，直播间内的场控负责把控流程、圈定重点，提醒主播把握直播节奏。作为场控，记忆力要好，要记住"老粉丝"的昵称，在感谢的环节夸赞主播并感谢"老粉丝"，让"老粉丝"产生存在感。同时，作为场控，也需要懂得与主播保持适当的距离。场控在直播间内的存在感可以有，但不能太强。

4.5　直播整体策划准备

在开播之前要做好直播的整体策划准备。除了要明白直播的本质是传递准确信息以外，还要知道直播是围绕特定人群进行的一系列营销。既然是营销，就需要明白营销的对象是谁，要使用怎样的方法进行营销。

淘宝直播的负责人强调，与明星和"达人"直播不同，淘宝直播的定位是有趣、有料、有用的生活消费直播。有趣、有料、有用的内容涉及价值属性的内容组建，这需要主播背后的整个团队共同努力。

4.5.1　定位做得好，流量来得早

1972年，艾·里斯与杰克·特劳特提出商业上的定位理论，其核心为"每个品牌都需要一句话来表述它与竞争对手之间的区隔"，就是在对自己的产品和竞争产品进行深入分析、对消费者的需求进行准确判断的基础上，确定产品与众不同的优势及与此相联系的在消费者心中的独特地位，并将它们传达给目标消费者。一家公司需要定位，一件产品也需要定位，同样，主播也需要定位。在主播申请开通直播权限前，应当问自己两个问题：我为什么要做直播？我有什么别人没有的特点？淘宝头部主播李佳琦基于自己在欧莱雅柜台的工作经历，为自己打造"口红一哥""人设"，在一天的直播中，李佳琦能涂三百多支口红，对化妆、护肤等知识信手拈来。有了这样的定位，主播的个人IP就有了生命力，有了宣传推广的支点。

4.5.2　内容做得妙，"粉丝"才会要

内容是直播的重点，只有内容做得妙，"粉丝"才会有观看的欲

望。判断直播内容是否优秀的标准有以下两点：第一，从自身出发，直播内容要能传递核心价值；第二，从"粉丝"需求出发，直播内容要符合直播间内"粉丝"的核心需求点。符合这两点标准的直播内容才可能被"粉丝"喜欢。

如果唯流量和以折扣力度为核心的带货逻辑不改变，直播将陷入内容同质化、用户迅速流失的泥淖，最终难逃市场趋同、竞争失效的结局。在注重内容的当下，依旧有一些看起来小众，但是内容十分精妙的直播深入"粉丝"内心。百度百科博物馆启动的《行走的文明》直播，带着观众"云游"了西班牙、荷兰、日本等地的博物馆，八期直播节目吸引了1 000多万观众在线观看。对于博物馆文化氛围没那么浓郁的国内而言，这份成绩不乏可圈可点之处。中国政法大学刑事司法学院教授罗翔老师的直播，在线为学生讲解法考知识要点，短短数月就成了"现象级达人"。意料之外的是，那些整天沉迷于游戏和二次元的年轻人，居然也会对法律知识考点感兴趣。从这两个例子中可以嗅出的信号是——用户的注意力不是一成不变的，多元化、精细化的内容仍然是维持用户注意力的抓手、寻找直播增量空间的主要方向。

4.5.3 流量思维是关键

互联网电商最核心的商业逻辑是流量思维。在传统零售的思维中，商家知道要选择人流量大的位置开店，这种思维同样适用于互联网电商。在互联网中，流量意味着体量，体量意味着分量。"目光聚集之处，金钱必将追随"，流量即金钱，流量即入口，流量的价值不言而喻，流量思维是直播的关键所在。在运用流量思维时需要注意三个方面：第一，噱头做得妙；第二，广告打得巧；第三，免费玩得"呱呱叫"。所谓噱头做得妙是指噱头要直接，但不引起用户反感，例如，可口可乐的歌词瓶、百事可乐罐子上的绘画表情、星巴克圣诞节前后使用的红色纸杯、味全果汁瓶身的贴纸，这些产品的包装设计本身自带话题属性，引得年轻人在互联网上"晒成品"。所谓广告打得巧指的是在合适的地方打合适的广告。你可以在分享美妆的微信公众号内为学习Python的公众号打广告，如此，该条广告锁定的用户就具有习惯阅读微信公众号且有学习Python需求这两个特征。所谓免费玩得"呱呱叫"就是会打价格战，直播时要为"粉丝"提供最优惠的价格、最极致的性价比。

4.5.4　主播团两个中心

主播团有两个中心，一个是能说会道、亲切感十足的主播，另一个是运营团队。主播在台前与"粉丝"交流、介绍产品，其背后的运营团队则要在镜头之外为主播准备极具性价比的产品及收集产品的各种参数。

4.5.5　产品卖点提炼三步走

产品卖点就是与其他产品相比较所具有的特点。没有比较就没有特点，比较产品优劣的标准为是否更好地满足用户需求。提炼产品卖点可以按照以下步骤进行。

第一步，从产品自身角度找卖点。这是产品的核心卖点，与产品的基本功能、消费者的核心利益息息相关。以面膜为例，99%的女性用户最关心的是如何能让自己保持青春白皙的面庞，面膜产品不但要具有抗衰老、美白、补水的功效，还要天然、安全、取用方便。例如某公司推出的面膜核心卖点是以科技凝聚天然果蔬的美肌养分，释放新鲜的力量，带来无限时刻新鲜的目光；以自然、环保、生活为主，每款产品都源于自然花卉的恩赐，从原料的生产地、种植、采摘、压榨、风干、提取、分离、净化、活肌配方、聚合，无不经过严格的工序把控，提炼最具生命力的植物精华。这样的核心卖点与用户需求完美契合。

第二步，从第一说辞角度找卖点，即作为第一个吃螃蟹的人说出共性产品的特性。普遍性产品性能一般不受创作人员的关注和重视，但若策划得好，操作得当，一样可达到效果，如某瓶装水的"27层过滤""有点甜"。

第三步，从真正的唯一角度找卖点。差异化卖点具有排他性、独占性，既可以是常规卖点，也可以是核心卖点。某食用油产品的"1∶1∶1"就是将核心卖点差异化。某面膜选择进口原料，主打补水美白，不花一分钱打广告，把成本用在原料上，这就是它的独特性，是市面上其他同类产品所无法比拟的。

合理运用这三点可以更快速地找到产品卖点，主播可以更清晰、更有侧重地向"粉丝"介绍产品。

4.5.6　话题素材、互动节目早准备

在直播前，主播的团队最好为主播整理一份近期热点事件及主流评论，同时准备一些互动节目。准备话题素材的目的是让主播和"粉丝"有话题可聊。一场直播短则两个小时，长则十个小时以上，如一直只聊产品，主播很容易词穷，而"粉丝"也很容易感到无聊，适当穿插其他话题可以激起直播间内"粉丝"的讨论热潮。准备互动节目

的目的是引导大家一起参与，让直播间变得有诱惑力；而作为主播，通过这种方式掌控全场比较方便。当主播引导大家一起玩时，可以巧妙地炒热直播间，使直播间热度上涨，热度上涨后，曝光率便会提高。

4.5.7　时间节奏会把控

电商直播从开场到结束分为四个阶段——开端、舒缓、提神、释放，依次对应的作用是：吸引"粉丝"、缓解疲劳、刺激购买、留出悬念。

直播的开场白一般是欢迎进直播间的"粉丝"，做一轮活动或互动活跃气氛，营造良好的第一印象。一般来说，如果预告做得好，初始流量会比较大，但是想要留住这波流量，就要靠第一印象。主播和"粉丝"都会随着时间推移感到疲劳，在直播进行到1.5小时或2小时的时候，要安排一个节奏点，用讲笑话或唱歌舒缓气氛，同时也调节主播的状态。在直播的第三个阶段需要主播通过互动节目让"粉丝"产生新一轮的刺激感和新鲜感。这一阶段往往是活跃度最高、吸引流量最迅速且成交转化率最高的时段，主播需要自己把控时间点，做好活动或者推荐优质商品。直播的最后不是结束而是为下一场直播埋下伏笔。许多主播熬时长，到"粉丝"变少时才下线，这种做法是不恰当的。在直播间数据良好、"粉丝"较为活跃的时间段下线，下次开播时数据也会较好。并且因为这次直播留下了悬念，可能会吸引不少"粉丝""蹲点"下一场直播。

4.5.8　学习同行进步快

学习同行、超越同行，这是做任何事的捷径。这家店的促销做得好，那家店的产品做得好，另一家店的服务做得好，还有店铺的售后做得好……看得多了，慢慢心里就有数了。如果在这些方面你做得比他们都好，那么你就是龙头老大；如果你只在一个方面超越了某个竞争对手，那么你也有了一些竞争优势。

4.6 直播转化要点

直播转化是电商直播的重点，如果转化失败，就意味着前面付出的所有努力都白费，因此掌握成交转化的方法，对运营者至关重要。

4.6.1 直播人气决定战果

1. 社群引流裂变

社群引流裂变是当下最重要的引流方法。中国有十亿人每天都使用微信，微信是我们每天打开率最高的软件，用户和目标用户都在微信上。但是直接从微信中获取用户是很困难的，就像从大海中捞鱼一样，而社群能将大海里的鱼圈入自己的鱼塘，变成自己的资源。社群中聚集的都是带有相同需求的人，在社群内进行引流裂变成交转化率高且规模较大。

2. 公域引流裂变

公域流量就是在公共范围内每一个用户都能通过公开渠道购买或对接获取的流量，包括线下传统的流量入口，如商城、市区、地铁、公交、电梯等人流量密集地区；线上流量渠道，如微博、淘宝、抖音、头条、腾讯视频、爱奇艺、优酷、喜马拉雅等各大平台；线上垂直类型流量渠道，如母婴类、汽车类、财经类、美食类网站。公域流量受众广，可将品牌快速宣传给受众，形成广而告之的效应。公域流量相比私域流量最大的优势在于量级大，但随着线上流量红利的消退，在公共场合进行引流裂变所需要投入的资金越来越多，这种方式只适合"土豪玩家"，而不适合"平民玩家"。

3. 直播预热

直播预热可以吸引更多的"粉丝"进入直播间。预热可以通过文案和短视频两种形式进行。文案预热：提前预告直播时间，包括在朋友圈、视频号、企业微信、微信公众号等做预告。稳定开播天数和时长，找到适合自己的开播时间段，看直播的"粉丝"才会越来越多。短视频预热：开播前3小时发布抖音短视频，当你开播时，将会有更多的"粉丝"进入直播间；设置吸引眼球的开播封面，因为封面是决定"粉丝"是否进入直播间的第一要素，如果未上传合格的封面，就会影响直播的曝光量。很多头部主播的直播间每天都会在公众号进行预热，告诉"粉丝"直播间当天的产品，当计划有明星进入直播间时，他们会提前一周进行预热，在社交平台上收集"粉丝"想要向明星提出的问题。

4. 直播间继续裂变

在直播过程中，依旧可以通过老带新和发放优惠券等方式进行持续裂变。直播时，主播可以引导"粉丝"进行裂变，告诉"粉丝"只要将好友拉进直播间便可以在后台领取相应的优惠券，主播也可以设置在用户完成一笔订单后弹出一个分享优惠券的链接，点击链接的用户可以获得随机金额的优惠券。这种优惠券裂变是从老带新裂变的逻辑演变而来的，十分适合在直播中使用。

4.6.2 直播氛围决定下单速度

直播带货说到底还是为了促成销售,销售即买卖,买卖看氛围,直播带货的高成交额是冲动消费、群体盲从心理的集中体现。这就要求主播注意控制直播间的氛围,因为直播氛围决定了顾客的下单速度,决定了直播成交量,以下几种方法,可以帮助主播控制直播间内的氛围。

1. 红包密集倒计时

一些用心的主播在直播前会发送密集的红包,"红包雨"开始前,主播会慢慢喊倒计时:"5——4——3——2——1——开!"如果你是该主播的"粉丝",熟悉的声调、语气、停顿你一定能分毫不差地模仿;如果你不是该主播的"粉丝",这句话也足以吸引你停下手头一切活动,好奇地驻足直播间。倒计时要充分吸引"粉丝"的注意力,将人们的期待值提升到一定高度,使直播间内的氛围到达新的高潮。

2. 开场就是任性抽奖

大部分人对抽奖都抱有侥幸的心理,希望自己成为中奖的幸运儿,开场便是大金额的"任性"抽奖可以快速吸引"粉丝"。一些头部主播开场的奖品一般不低于一百元,都是比较热门的产品,例如口红、手机,甚至奢侈品包包。简单直接又稳定的开场抽奖容易增强"粉丝"好感度,奖品的配置又给人一种"不抽错过一个亿"的感觉。

3. 弹幕刷屏带节奏

直播弹幕具有情绪感染力,可以增强观众体验。当弹幕氛围比较浓厚时,还会给其他观众产生从众压力,吸引他们参与直播和发送弹幕，增强用户黏性，提升用户活跃度。有经验的主播在开播的时候，如果看到"粉丝"的积极性不高，便会开始抽奖，让"粉丝"们"刷"特定的弹幕内容，然后在弹幕中抽取一些"幸运儿"，这样的弹幕刷屏带节奏能很快调动直播间内"粉丝"的积极性。

4. 社群、直播相呼应

直播时可以从社群引流，社群可以帮助直播转化、稳固"粉丝"。在直播过程中，要做到社群、直播遥相呼应。直播的目的是为产品销售、招商做铺垫，社群的目的是成交，社群与直播遥相呼应便是将引流与成交相结合。

5. 互动、引导话术熟练用

直播中的话术包括欢迎话术、关注话术、感谢话术、问答话术、追单话术。直播想要吸引、留住"粉丝"、让"粉丝"下单，除了产品过硬、在直播间内发放各种福利外，熟练使用话术也很重要。

一般在开播后，陆陆续续有人进入直播间，主播常用的欢迎话术为"欢迎××进入直播间"，但这种欢迎话术过于机械化，可以试着尝试在此基础上进行优化和改良。如："欢迎××进入直播间，点关注，不迷路，一言不合刷礼物，么么哒""欢迎朋友们来到我的直播间，主播是新人，希望朋友们多多支持""欢迎小哥哥和小姐姐来到我的直播间，进来的是小姐姐，还是小哥哥呢？刷刷弹幕告诉大家吧"。面对年龄较小的群体，就称呼他们为小哥哥或者小姐姐；面对年龄接近中年的群体就称呼他们为帅哥或者美女。运用这些话术的原则是让用户知道你在关注他们，让他们有参与感。

"粉丝"进入直播间后，主播如果不能在短时间内吸引他们的注意力，让他们关注直播间，他们很可能马上离开。在"粉丝"进入直播间后，主播还要不时给自己"打广告"，不断向新"粉丝"介绍自己，吸引他们点"关注"，这时的关注话术可以如下："感谢大家的关注，还没关注的抓紧点"关注"哦，关注主播不迷路，主播带你找最便宜的东西，喜欢主播的可以帮忙分享一下哦，爱你，比心！"在吸引新"粉丝"关注的过程中可以策划一些活动，尽最大可能展示你能提供的价值。

感谢话术在一定程度上是主播对"粉丝"心意的回馈，真诚的反馈会让"粉丝"有被重视的感觉，使他们更多地参与到直播中来。感谢话术可以如下："感谢大家的关注，感谢朋友们今天的陪伴，感谢今天进入直播间的所有朋友们，谢谢你们的关注、点赞哦！希望明天还能再见到你们。"

在直播间经常有"粉丝"问问题，如果"粉丝"问到与产品的相关问题，说明他们对产品产生了兴趣，主播一定要耐心解答。如果你没有来得及回复的"粉丝"说："怎么不理我呀？一直不回答我的问题呢？"你一定要及时安抚，可以说："没有不理哦，弹幕太多刷得太快，你可以多刷几遍，我看到一定会回的哦，不要生气啊！"问答话术的关键是耐心。一个问题会有很多人问，每个人问的问题可能也很片面，主播有时候要反复回答相同的问题，或者通过引导才能完全解决"粉丝"的问题，所以一定要有耐心。例如有经验的主播在直播间内卖羽绒服时，有"粉丝"看中了主播身上穿的衣服，主播就会在直播过程中催促镜头外的团队查看衣服的尺码，几分钟后就将服装信息提供给"粉丝"。面对"粉丝"的问题，有经验的主播总是耐心地有问必答的。

很多"粉丝"在下单时是会犹豫的，这时就需要主播用追单话术引导"粉丝"下单。主播可以运用以下追单话术："宝宝们注意啦，线上抢购人数多，请大家看中了抓紧时间下单啊；这款产品前20分钟有秒杀优惠，喜欢的朋友们可以下单；前1 000份产品可以赠送明星签名照；活动马上结束，大家要抓紧时间抢购啊！"在追单过程中要强调时间紧迫、产品性价比极高等信息。

6. 处理"黑粉"有讲究

在直播过程中难免遇到"黑粉"，而在直播间内这种实时互动的公共领域，主播不能忽视"黑粉"的言论。面对"黑粉"，小打小闹可以当成玩笑，趁势"自黑"一把，活跃一下气氛也无不可；但玩笑开得次数太多或者太过分的，完全可以让运营人员协助你"拉黑"他。在大多数情况下，主播不要在直播间内公开回复"黑粉"的言论。实在想回复，也得注意策略，常用的方法为"卖萌"装无辜、霸气示威两种。当采用"卖萌"装无辜的方法时，可以先在直播间内公开表示"感谢大家的支持，'黑粉'也是粉，谢谢你们愿意留在我的直播间陪伴我"，等到"死忠粉"围攻"黑粉"时，就说："你们别这样，虽然他骂我，但是一直留在我的直播间，说明还是喜欢我的，他只是想引起大家的注意而已。"当采用霸气示威的方法时，语气就必须严肃。

7. 突发情况有预案

直播间没有"再来一次"，第一现场总会有各种各样的突发情况。即便是李佳琦等头部主播，也时常面临突发情况。突发情况十分考验主播的控场能力，最重要的是不要慌张，冷静面对。当遇上直播卡顿这类"技术型"问题时，无论是头部主播还是普通的商家主播，都只有通过排查故障或者更换设备等操作来恢复直播。在等待处理突发情况的时候，主播可以用简短的几句话解释情况并安抚"粉丝"情绪，同时用抽奖、红包等形式转移大家的注意力，等突发情况处理完毕，再以专业的态度迅速投入产品介绍中。

4.6.3 直播转换成交

1. 成交关键技巧

1) 真诚面对

在优秀主播的直播间内，所有产品都是现场试用的。卖粉底液，主播就当场卸妆又上妆，还不忘顺便教一点护肤小知识；卖脱毛仪，主播就现场脱唇毛给大家看，有"粉丝"说主播唇毛长且厚，主播也不会生气；卖按摩椅，主播就把按摩椅搬进直播间，上去躺几分钟，表情享受。优秀主播在直播时真诚不做作，总是想尽办法给"粉丝"展现真实的产品信息和生活中自己的状态。这样"粉丝"看直播时，就像和身边的朋友边聊天边购物一样，有种亲切感，所以对主播推荐的产品，"粉丝"才会有跃跃欲试的冲动。由此可见，真诚地对待"粉丝"，"粉丝"也会用购买行为回馈主播，所谓"套路千万条，真诚第一条"。

2) 引导情绪

销售其实需要一种情感上的触动，只有当人们感受到产品确实是自己需要的，能够解决自己的问题，他们才会想要去购买。很多时候，人们并不是靠理性来判断自己是否需要这个产品，而是在情绪的影响下感性地认为拥有这个产品就等于拥有快乐。

有经验的主播在直播时不会用过多的语言描述产品,当直播卖牛排时,主播会小心地用刀叉切下一小块牛排,然后在镜头下展示牛排被切时软嫩多汁的状态。切下后,主播会将牛排放入口中,细细咀嚼,表现出满足、陶醉的神情。这时,这款牛排软嫩多汁、味道完美的特点就不言而喻了。

3)模拟真实场景,打消消费者顾虑

李佳琦直播卖口红时,不会直接告诉"粉丝"口红色号的RGB(工业界的一种颜色标准,这个标准几乎包括了人类视力所能感知的所有颜色)数值,而是形容这个色号的口红很适合什么场合。口红的颜色在产品图、手臂图、上嘴图上都不一样,有些色号在手臂上试涂看起来不错,但上嘴就是"灾难"。为了给"粉丝"呈现最真实的上嘴效果,李佳琦一直坚持上嘴试色,给消费者模拟真实的购买口红的试色流程,让消费者可以更加直观地判断这款口红是否适合自己。

2. 花式成交法

1)主播、商家连麦唱双簧,花式"互撕"引导成交

很多主播在直播间内向商家争取更加优惠的价格,而商家为了营利不愿意降价。这种剧情的一般流程为:商家报价——主播砍价——商家靠"卖惨"拒绝降价——主播发火,"腰斩"价格并进一步索要其他福利——商家被逼无奈,委屈答应限量满足主播的条件——主播呼吁"粉丝"下单。主播与商家唱双簧的目的是营造一种致力于为"粉丝"争取福利的"人设",炒热直播间氛围,以便达成更多成交。

2)"八点档家庭伦理剧"

除了连麦商家唱双簧之外，有些主播还会跟家人、朋友打配合，让"粉丝"看到"八点档家庭伦理剧"。这种方式与早年间大街上商家大喇叭里"江南皮革厂倒闭"的故事无异。无目的的消费者都爱凑热闹，商家可以利用这一特性去销售自己的商品，主播也可以利用这一点设置剧情，增强直播间氛围。

3)闹乌龙

不仅如此，还有的主播为了成交会装作"闹乌龙"，假装主播方工作人员"手滑"标错价格，伴随着新订单的提示音，主播大喊："价格错了，家人们别下单了，我要赔死了！"主播越是假装紧张，背景提示音"您有一个新订单"响得越频繁。这种"乌龙"的氛围也会有效引导"粉丝"下单。

4.6.4 复盘、总结、再提升

1. 分析直播三大数据

对主播而言，直播三大数据为人气、观看时长、掉粉。

人气能反应主播的受欢迎程度，主要从粉丝数量与活跃度以及购买产品的转化率两个指标来衡量。

观看时长指的是每个观众的平均观看时间，也就是分析当"粉丝"来到他的直播间，是否能留下来。有时福利派发完了，"粉丝"就退出了直播间。

掉粉也是直播需要重点关注的数据，"粉丝"是主播的"衣食父母"，关注"衣食父母"的数量尤为重要，主播需要统计每个小时内掉粉的数量，并根据当时直播的内容判断"粉丝"群体的喜好。

2. 电商数据分析

常用的电商数据分析方式为对比分析和曲线分析，通过对比找出异常数据。异常数据指的是偏离平均值较大的数据。例如，某主播每天"增粉"长期维持在50~100个，某天"增粉"量突然上涨到200个，虽然是个好现象，但也算异常数据，需要密切关注，查找原因。大部分的数据"异常"都会关联特殊事件，例如淘宝首页或者频道改版、标签变化、开播时段更改，甚至主播短暂离开，这就要求运营或场控在日常做数据记录时同步记下这些特殊事件。

3. 留意"粉丝"反馈

在新媒体时代，企业的品牌形象如何并不取决于自我宣传，而取决于"粉丝"口碑。只有"粉丝"高度认可的品牌才能形成良好的口碑，在社交媒体中成为网友们口口相传的"业界良心"。主播也是如此。只有留意"粉丝"反馈，并根据反馈不断改进，主播才能赢得大部分"粉丝"的认可。优秀主播在直播后都会注意"粉丝"的反馈，其团队会通过公众号、微博、客服等多个渠道搜集"粉丝"意见，同时给予"粉丝"选择权、决定权。例如，主播在直播间内卖羽绒服，不知道"粉丝"更喜欢长款还是短款，便会在直播内发起投票，最后根据票数来决定上架哪款产品。

4. 客服数据反馈

在收集"粉丝"反馈时，也要注意客服的数据反馈。进行电商直播，肯定有一部分人对产品不甚满意，那群人极可能通过客服进行意见反馈。主播团队不能放过这些意见反馈，需要根据反馈类型、反馈时间点、客服是否解决等信息集中处理客服所获取的数据，从而进行产品的更新迭代。

4.6.5 直播引流回社群

直播间的"粉丝"一般都是"路人粉",主播在持续直播一段时间之后才会有一些"铁粉",但像这种靠直播时长、靠力气去获取"铁粉"的效果本身就差,而且也没有办法确定"粉丝"喜欢主播的原因。但如果主播把直播间的"粉丝"引流到社群,就可以把公域流量转化为私域流量,这将会成为直播人气的一大助力!

1. 引流私域

1)直播引导加个人号

主播在直播间做互动、分享,能够吸引一部分"粉丝"留在直播间,然后积极引导"粉丝"添加个人号(可以是QQ号也可以是微信号)为好友。在直播时引导"粉丝"加个人号也是有方法的,常见的为送与直播相关的礼品,或者组织抽奖,例如告诉"粉丝"只要添加主播的个人号为好友,备注直播间ID就可以获得抽奖的机会。

2)维护私域流量

添加个人号为好友后,需要进一步维护这部分来之不易的流量。批量添加个人号好友后,要给每个人编辑标签,然后群发问候,群发的文案要有激情,也要表达感谢,例如:"欢迎您加入××家族,感谢您的陪伴,在未来您的私人客服会为您提供全面的服务。"维护的最终的目的是引导"粉丝"信任客服,方便联系。

2. 打造铁杆"粉丝"

铁杆"粉丝"是指无论你创造出什么作品、产品,他都愿意付费购买的那部分消费者。铁杆"粉丝"的存在对于主播团队而言至关重要。建立社群的过程便是筛选铁杆"粉丝"的过程,将用户从普通的过路流量变成品牌的"粉丝",然后进行忠诚度培养,让其变成铁杆"粉丝",再进一步进行KOL的打造,让这部分用户成为合作伙伴,自发地分享有价值的内容。关于社群打造的具体方法在"社群篇"有详细阐述,有兴趣的朋友可以回顾。

按照打造铁杆"粉丝"的过程及群聊性质,我们可以将社群简单划分为三类。

第一类为福利群。这种群聊聚集的是最基础、最普通的"粉丝",群主为商家员工,日常任务便是在群内发送福利、通告活动及回答群内"粉丝"的问题,并适当引导活跃的"粉丝",把控群聊氛围。

第二类为朋友群。这种群聊中所聚集的"粉丝"相较于福利群中的"粉丝"而言,喜欢品牌的时间更久,为品牌做出的贡献更大。在这种群聊中,群主也是商家员工,但可以适当选择几个较为活跃的"粉丝"作为群管理员。这种群聊中的优惠或福利力度更大,建立目的是培养、打造一批KOL。

第三类为伙伴群。这种群聊里聚集的都是代理商或分销商。群主最好为品牌创始人,便于伙伴之间互相联系。

经过三种社群的层层筛选,我们便可以获得铁杆"粉丝"。

4.7　私域+直播实战案例

案例一:

这里分享一个转型电商的小微商案例,案例主角为一家微商化妆品品牌。他们拥有微商品牌的问题——制度复杂、产品库存量大。为了改变现状,创始人采用"私域+直播"的运营模式,在直播间内并不直接销售产品，直播的目的是给社群引流。

在改变初期，创始人进行市场调研、访谈代理、为用户提供免费试用品。在访谈代理时，创始人5天内招募到近200个代理人。每个代理人都创建了一个社群，每个社群内只有10到15人，创始人教代理人使用秒杀、抽奖、筹办沙龙、办理会员等方式筛选优质用户。

在培训初期，创始人要求代理人将社群扩建至30人并在群内物色两到三个群管理员，然后限定代理人在3天之内完成给群友"种草"、分享品牌故事、产品案例、群友故事等一系列的营销准备工作，要求代理人在分享过程中主动和专业团队成员配合，帮助用户勇敢发表自己的言论，打消用户的顾虑。在培训中期，创始人要求代理人帮助群友将社群扩建至60人，群内每增加10人，群主便发一个大红包。在培训后期，创始人要求代理人调动群友积极性，保证直播间有人气，而群主（代理人）此时的主要任务便是指挥群内成员裂变订阅，在裂变的过程中将一个个大的目标分解成成员可以完成的小目标，一步步实现最终的订阅目标。在培训过程中，创始人拉动代理人进行群人数PK、订阅人气PK，调动群主积极性，在比较中锻炼团队，给团队灌输"狼性"，让他们充满战斗力、行动力。在扩张群成员的实战训练中，创始人带领代理人学习社群运营的基础知识。直播前他们用"红包雨"预热，直播上线便抽取100套口红作为奖品，以此确保直播人气足够旺盛，然后要求获奖者将抽奖截图分发到社群内，并发动群友转发二维码到其他群。

该化妆品品牌通过"私域+直播"的方式，使得直播人气达到82万人，增加近9 000个会员，一个月内销售业绩突破2 300万元。

案例二：

2019年的时候，有一个山庄因为一直没有找到好的营利方式，陷入长期亏损。运营人员经过详细了解，为山庄设计了一个"种子会员招募+农庄直播"计划，通过这个计划，在短短一个星期内便招募到了27个付费1万元的种子会员。

在运营初期，这个项目赶上了短视频及直播爆发的风口。运营人员在短视频平台进行山庄生活直播及相关短视频发布，并在直播的过程中为广大网友细心介绍山庄的环境及成为种子会员的权益，如此宣传之后，建立了一个种子会员群。这个群聊最初有50个成员，但是由于山庄面积只有40亩，所以会员名额前期限定为20个。当群聊创建成功后，运营人员在早上修改群名称为"你有77条未读消息"以吸引群友注意。修改群名称是一个非常有效的活动通知方法，很多群友看到这个群名称，会忍不住点进群来看一下到底发生了什么事情。然后，运营人员在微信群发了一条群公告，进行活动预热，让群友收到活动通知后用"红包语"的方式回复"太棒了"。

在群内活动进行的时候。运营人员利用直播小程序进行种子会员权益的讲解分享，告诉群友们在一年之内，这些种子会员随时都可以免费去这个山庄住一段时间，并免费在山庄里体验劳作；可以按照市场价购买山庄种植的原生态葡萄、西瓜等农产品，购买费用包含在已缴纳的10 000元会员费，不需要额外费用；可以拥有山庄内20平方米土地的耕作权，可以自己耕种，也可以让山庄人员帮助耕种。同时，这个山庄里面可以养500只鸡、200只羊、50头猪，所有种子会员都可以自己购买幼崽放在山庄里面饲养。如果没有充足的时间和精力，也可以请山庄里的农户帮忙饲养，每个月支付一定的养殖费即可，最终出产的家禽、家畜归对应的种子会员所有。种子会员拥有山庄的庄主身份，带朋友来玩时，可以以主人身份待客。

告知群友作为种子会员的好处是进一步筛选目标用户，然后和目标用户进行一对一的私聊，最后种子会员的名额发完，山庄转亏为盈。值得一提的是，山庄在后期以这些种子会员为核心，还建成了一个新的社群，又聚集起了一批会员。

归纳总结

在这一章中，我们可以了解直播相关的知识，也可以从直播的历史发展过程中窥探未来直播的发展趋势。曾经十分红火的秀场直播在新冠肺炎疫情的打击之下，市场逐渐萎缩，消费者对于娱乐向的直播也已经产生审美疲劳，越来越多的以内容为主打产品且符合消费者审美的直播出现在大家面前，而也正是在疫情期间，直播带货行业成为新的风口。在新的风口出现的时候，能否稳定飞起，实力尤为重要。直播不是简简单单有一部手机就可以做好的，其背后蕴含很多专业理论知识。为了给用户呈现更好的视觉效果，直播间必须要好好布置；为了让"粉丝"停留的时间变长，各种各样的心理学知识必须运用起来；为了让直播间出现在平台推荐位，主播需要学习更多的专业知识。

直播是风口，但是需要从业者掌握方方面面的知识，需要运营者投入大量的时间及精力。但也不得不说，直播对于创业资金较少的人群而言，是一个不错的机会，可以用小投入获取大收益。

第5章
成交篇

本篇重点：

营销的基础

消费的趋势

成交的技巧

做私域和直播本质上是为了成交而不是单纯的销售，销售是站在销售方考虑问题，把东西卖出去才算销售成功，而成交是站在买卖双方的角度上想问题，双方都有所收获、双赢才算成交。物理上一手交钱、一手交货，这是销售；而在心理上结成信任关系，这是成交。

当然，商业的核心是成交，若没有成交，便意味着之前所做的大部分工作是无用的，成交赚钱才是生意，本章"成交篇"是"社群篇"和"直播篇"的最终落脚点。

5.1　恰到好处的营销

而恰到好处的营销能够加强品牌宣传、提升企业知名度，为企业创造商机，帮助企业节约成本，提高品牌的转化率。企业可以在互联网上采用不同方式完成自我展示，进行不受时间和空间限制的营销，让世界上每一个地方的人都有可能看到产品，并通过互联网上的不同渠道快速将产品卖出。营销要掌握一定的方法契合产品、符合企业定位，为企业带来较高的收益。

5.1.1　营销要懂人性

马克思说："人们奋斗所争取的一切，都同他们的利益有关。" 营销的目的是让用户对产品产生欲望，而分析人的欲望，就是对人性某个侧面的透析。很多营销大师都是研究人性的高手，他们用非凡的业绩揭示了一个道理：知道用户怎样想，才知道他接下来会怎么做。因此，成功的营销需要通过对人性的洞察，了解用户的需求，推知用户的行为特征。然而，人性不是单一的，它是复杂而多变的，包含恐惧、虚荣、攀比、奉献、爱等方方面面，营销就是要释放人们这些潜在的心理能量。成功的营销，在于洞悉人性本质，然后"对症下药"。"微信之父"张小龙在一次演讲中就分享了他的产品哲学，他认为，微信的"朋友圈"满足了人需要获得存在感、被认可、被赞赏的人性，而"附近的人""漂流瓶"功能满足了人的好奇心。

1. 从众心理

从众心理又称羊群效应。当一头羊走动起来时，后面一群羊会不假思索地跟随这头羊，不管前面是否有危险。从众心理常被商家运用于营销之中，其中最为人所熟知的例子就是喜茶。真正让喜茶成功"出圈"的行为是互联网上喜茶门店长长的排队图片，让人不免想要尝试是否物超所值。而消费者日常打开淘宝和京东打算购买产品时，面对同质化的商品介绍，便会陷入"选择困难症"，这时候消费者往往会再对比两个数字，一个是月销量，一个是评价的数量，这两个数字往往是决定消费者最终选择哪种商品的关键因素。这也是为什么商家总喜欢在这两个数字上花费大量功夫的原因。商家深知，数字越大，从众心理的作用越大，最终能让消费者选择他的商品。从众心理深刻影响我们普通人的日常生活，不管是网上购物，还是到线下门店买东西，我们无时无刻不受其影响。

2. 好奇心

人们总是希望自己知道、了解更多事物，如果你让用户对产品的了解处于一种不满足的状态，他们就会对你的商品产生继续"提问"甚至"追问"的欲望。

有个商家这样卖掉店里大量积压的牙膏：先在店门口贴一张醒目的海报："本店出售牙膏，一人仅限一盒！获赠100万元！"不一会儿海报前就有了很多围观的人。人们议论纷纷："真的能获赠100万元？""为什么只能购买一盒？""是什么特别的牙膏呢？"人们带着问号，在店门口排起了长队，有的顾客甚至通过"关系"找上门来成批购买。其实，并没有所谓的获赠100万元，每个顾客在进入店面之后都会看到一个写着"凡本店商品，如出现以次充好、以劣充优、不合规格的，本店奉赠100万元"的牌子。虽然这让顾客哑然失笑，但并没有妨碍牙膏的销售，库存的牙膏很快就被顾客们"一扫而光"。

诱发人们的好奇心，最有效的办法就是设置悬念，悬念越"玄"，就越有吸引力。当然，在解开这个悬念，满足用户的好奇心的过程要合理。人们愿意为自己好奇的产品付费，而不愿意为单调的产品驻足。你的产品介绍对没有好奇心的人来说都是废话，所以减少花在废话上的时间，激发顾客对产品的好奇心，才是让营销事半功倍的办法。

3. 虚荣心

《消费社会》一书中有这样一句话："人们从来不消费使用价值本身，人们总是把物用来当作能够突出自己的符号。" 虚荣心是想表现自己的心理。虚荣心强的人常采用炫耀、夸张，甚至戏剧性的手法来引人注目，不讲究实事求是，追求虚假的声誉，也就是我们平时所说的"打肿脸充胖子"。

许多奢侈品、礼品、保健品商家就充分把握人们的虚荣心理，让消费者趋之若鹜。例如，飞机的头等舱是危险系数最高的位置，票价也是最贵的，可还是有很多人想坐头等舱，为什么呢?因为"头等舱客人"的身份给人们带来满足感。牌子响亮、外表引人瞩目、环境优雅舒适……这些光鲜的特点所产生的亮丽光环，能彰显消费者的"与众不同"，从而更容易获得他们青睐。再比如，小罐茶由"宗师级操盘手"杜国楹亲自运营。杜国楹曾是背背佳、好记星、E人E本、8848手机的幕后操盘手。他了解人性中的虚荣心，知道在社交中，往往他人的感知比自己的感知更重要。小罐茶的广告语为"小罐茶，大师造"，营销重点在"大师"二字，在广告中用三分之一的篇幅介绍它的包装、罐子以及封口膜，告诉消费者罐子由大师亲手设计，茶叶也是由非物质文化遗产的传承人亲手炒制。经过营销，500克小罐茶的价格达到了6 000元，比上等龙井茶的价格还高。说到底，有多少人真正了解茶叶文化，知道红茶和绿茶以及乌龙茶的区别，可以分清楚绿茶和红茶的冲泡方式？小罐茶卖的是身份感，营销的侧重点就是满足人们的虚荣心。

4. 贪便宜

"便宜"与"占便宜"不一样。价值50元的东西，用50元买回来，那叫便宜；价值100元的东西，用50元买回来，那叫占便宜。中国人经常讲"物美价廉"，其实，真正的物美价廉几乎是不存在的，都只是人们心理上感觉物美价廉。消费者不仅想占便宜，还希望"独占"，这给商家以可乘之机。比如，消费者在服装市场购物，在消费者"不降价就不买"的威胁之下，商家经常做出"妥协"，说道："今天刚开张，图个吉利，按进货价卖给你算了！"或者说："这是最后一件，按清仓价卖给你！"再或者说："马上要下班了，一分钱不赚卖给你！"这些话隐含如下信息：只有你一个人享受这样的低价，便宜让你一个人独占了。面对如此情况，消费者鲜有不成交的。除了独占，消费者并不是想买便宜的商品而是想买能占便宜的商品,这就是买赠和降价促销的关键差别。

5.1.2 营销的关键

1. 感性

感性是由人的本能意识驱动而表现的行为,这里的感性指的是能够站在用户角度思考问题,想用户之所想、急用户之所急,能快速感知他人的情绪变化,也知道如何引导他人的情绪。将源于心理学的综合洞察力应用于经济学研究的美国科学院院士丹尼尔·卡尼曼教授说:"感性细节掌控理性全局。"在社群内,卖东西就是卖感觉,用户感觉对了,喜欢了,才可能下单。有亲和力、招人喜欢的东西,会让人感觉舒服、感动,人的情绪就被引导;相反,在初次出现时表现得过于呆板,会让人觉得无法亲近。

感性和营销结合成为"感性营销"已经成为一个特定的营销新概念,被越来越多的经营者所理解和接受。将"情感"这根主线贯穿在营销活动中指的是研发出富有人情味的产品或服务,采用充满人情味的促销手段。无论是打造自己的私域还是通过直播扩大私域的影响力,"出圈"的根本因素还是和用户维系好关系,建立除了金钱以外的关系。

2. 理性

理性是一种思维方式,表现出来就是行为,指人在正常思维状态下有自信与勇气,遇事不慌,且能够全面了解和快速分析,恰当使用多种方案中的一种去操作或处理,得到需要的结果。而销售需要创造、沟通与传递价值给顾客,经营顾客关系,理性与营销结合成"理性营销"，才能有自信与勇气地与顾客进行沟通和传递价值给顾客，且能负责任地解决顾客的一些特定问题。理性是以思考为基础，一个理性人会让人信服，在营销中能给人可靠的感觉。

在营销过程中，感性与理性结合，利用感性诉求挖掘消费者的情感内心，吸引和打动消费者，唤起情绪共鸣；然后通过理性手法准确而完整地传递产品信息，以理沟通，引导消费者进行判断。被誉为"现代营销学之父"的菲利普·科特勒在其经典著作《营销管理》中就提到，消费者的决策路径为分中央决策路径和边缘决策路径。中央决策路径是指消费者对于产品的决策行为来源于他对目标产品信息大量认真且理性的思考；边缘决策路径是指消费者对产品的决策行为并非基于理性而充分的思考，而是根据自身或其他边缘信息，包括产品的体验场景、情绪的共鸣、内心的感受等，对产品形成判断。这两种路径是相辅相成的，只是侧重点不同，而不是非此即彼，理性在于沟通，感性在于打动。这里以笔者喜欢的一款耳机为例。这款耳机在感性打动上，一直在结合明星凸显耳机的时尚与调性；而在理性沟通上，又一直强调其高性能，强调能为消费者带来颠覆式的运动体验，完全无线的设计可以让消费者在运动的时候有音乐的陪伴。

对于普通的创业者或想要通过私域及直播赚取人生中的一桶金的人而言，充分将感性及理性结合，两者双管齐下，不仅能让用户觉得你懂他，还能为用户提供他需要的服务，从而牢牢抓住用户的心。

5.2　变化的消费趋势

消费趋势指的是顾客消费心理和消费行为模式的变化趋势，消趋势直接影响着商家的销售侧重点和销售额。在研究、制订销售计划之前要充分了解消费趋势，并按照消费趋势调整自己的商业计划。

5.2.1 单身化

2018年年末，网络上突然流行了一个词叫"自杀式单身"，形容现在的年轻人对社交感到倦怠而不主动扩大自己的圈子、做事独来独往、偶尔想有人陪伴但又害怕打乱现有生活轨迹的状态。当代社会，单身成为大多数年轻人的常态，许多年轻人厌倦恋人交往时的鸡飞狗跳，享受独处时光的自由安逸，害怕交往以后会面临各种为难的问题，索性就以这个理由安慰自己单身才是适合自己的状态。据统计，2018年我国单身的年轻人达到了2.4亿人，其中有超过7 700万成年人是独居状态。

单身群体是一部分有着稳定可观的经济收入、有较强的消费能力、接受过良好的教育、对生活品质有较高要求，有着较强的"为自己而活"的意识、有十分明显的自我消费需求和消费意愿的人。现在单身已经成为一种社会现状，它引领着单身化的消费趋势，"一个人也要好好生活" 这句口号的广泛传播，不仅意味着独居人口数量的增长，更意味着单身经济潜力无限。在《2019年中国"双十一"购物节电商行业报告》中，单身人士消费能力跻身前三。一份来自天猫榜单的"小报告"显示，"一人经济"强势来袭，"一人量"商品销量增长明显。

单身经济改变了无数行业，例如，电商行业——单身人群已经是网购的主力军之一；餐饮行业——据统计，将近65%的外卖订单来自20~30岁人群，外卖一人食消费已经成为主流；家电行业——单身人群对小家电、便携式家电的需求旺盛；宠物行业——未婚人士饲养宠物的占比高达41.4%；旅游行业——一人游已成为时尚风潮。单身经济改变了包括购物、影视、在线音乐、教育培训等在内的多个行业。可见单身经济堪称"一座大金矿"，这对企业、商家、平台来说都是必须抓住的商业机遇。各方都希望能分享单身经济的"巨型蛋糕"，单身经济更被视为下一个创业风口。

按照当前的发展趋势来看，中国未来的单身人群数量还会进一步增加，参照发达国家人群比重的数据，中国的单身人口还真不算多。有统计数据显示，在美国，单身人口已经占其总人口的45%，日本为32.4%，韩国为23.9%，如果比照日韩两国单身人口比例计算，未来中国单身人口可能高达4亿。中国的单身经济会越来越火爆，作为创业者或者小微企业的管理者，更需要把握这场单身化消费趋势带来的机遇。

5.2.2 本土化

本土化不是狭隘的地域观念，更不是族群对立，而是放眼国际，展望未来。本土化不只是指跨国企业需要适应开发地的经济、文化及政治环境，也指企业在国内经营的时候需要尊重并注重本土人文环境的研究，即企业在设计营销活动、进行制度建设时要考虑企业的情况，注重对本土消费者、各市场所在地的研究。我国地域广阔，市场的区域化特征比较突出，因此，本土化还要注意营销的地域化，注重人文环境和消费者需求差异的地域研究。本土化在管理上意味着渗透和融入，对现代企业管理的本土化研究是管理领域的一个重要方面。就饮食而言，每个地区的饮食习惯各不相同，中国的北方人喜欢面食，而南方人习惯吃米饭；南方饮食讲究的是精细，而在北方体现的是粗犷。如果从事餐饮行业，只是一味地想要推出美食，而不考虑当地人的口味，很难做得长久。西方谚语说："身在罗马，行罗马人之行。"所有的商业活动都要尊重当地的风俗，入乡随俗才能同体共生。

5.2.3 性价比

新冠肺炎疫情期间，人们手中的钱变少了，可以花出的钱也变少了，所以人们更加追求性价比，越来越不愿意将钱花在品牌上，而更追求物美价廉。消费趋势变为追求性价比离不开"消费降级"，即一定程度上降低效率、降低体验、降低个性等，从而最大程度实现物美价廉。

谈及"消费降级"不得不引入"消费时代"这个概念，在《第四消费时代》这本书里，作者三浦展将日本消费社会划分为四个阶段，每个消费时代都有明显的特征。第一消费时代（1912~1941年），产品以家庭手工业生产为主，享受消费的只是生活在城市的中等阶级以上的人群，其他大多数国民仍然处于贫困状态，"大城市的"即好的。第二消费时代（1945~1974年），批量生产的商品逐渐普及各个角落，人们的消费倾向是每家都要有几件"标配"。第三消费时代（1975~2004年），消费者追求品牌，想要彰显自我，追求小众、个性、差异化，每家拥有一辆汽车已不够，而是要每人拥有一辆或多辆汽车。第四消费时代（2005~2034年），这时人们已经很难从消费商品上获得满足感，转而从其他方面获取。而对商品，只要求其具备基础功能。消费偏好倾向于朴素、无品牌、本土化，倾向于共享汽车甚至共享住宅。

类比日本的消费时代划分，我们可以比较清楚地看到，当前我国的主流消费达到类似于日本的第三消费时代。从长远来看，整体的消费趋势会逐步向第四消费时代过渡，"消费降级"及追求性价比才是大部分消费者的消费主导倾向。"消费降级"的流行从社会背景上来说和人口减少、消费市场缩小有关；从消费心态来讲，和个人追求、社会责任感有关。而疫情更加速了"消费降级"的流行，不少消费者的家庭收入受到重大影响，不少企业裁员、减薪，无数消费者未来收入的不确定性增加，人们可支配的财产变少了，便不愿意在品牌溢价上花费更多的钱。2020年6月20日刊登在《经济学人》上的一篇文章指出，疫情之下，奢侈品品牌开始放慢产业布局，不少奢侈品品牌宣布停产，越来越多所谓的中产阶级意识到，没有什么能替代将钱紧紧攥在手中的满足感。

"消费降级"让低价更具优势。在未来，朴素、有质感、性价比高的商品将首先在都市人群中流行起来。

5.2.4　15秒耐心时代

随着数字化媒体兴起，对于现代人来说，耐心变得非常"稀缺"。美国媒体文化研究者、批判家尼尔·波兹曼在其著作《娱乐至死》中写道，"某个文化中交流的媒介对于这个文化精神重心和物质重心的形成有着决定性的影响"。由于电子设备的干扰，人的注意力在不断分散。调查研究发现，中国成年人每周使用社交媒体的时间超过25小时，而"社交媒体""智能家居"不仅浪费时间，还会改变我们大脑中的化学成分。

现代人的耐心十分稀缺，看一部电影如果十分钟没有被抓住注意力便不想继续看下去；看一段15秒的短视频，如果两三秒没看到刺激神经的内容便会滑到下一条。低成本的网络大电影试图利用人性的弱点，在电影开始的五分钟内吸引观影者的注意力，让他们能够耐心看下去。消费者不会花费过多的时间仔细了解一件商品的特点，除非购买大件商品或者想要追求极致的性价比。因此，在消费者耐心稀缺的时代，如何快速抓住消费者的眼球并让他们对产品产生兴趣是每一个运营者需要思考的问题。

5.2.5　口碑第一

尽管这是一个浮躁的时代，但是消费者依旧愿意为好的产品付费，这个时代也可以沉淀好的产品。数字时代的口碑就是生意。数字化手段加速口碑的高效传播，好的口碑会成为人们选择品牌的重要原因，但口碑并不是通过企业单方面的营销来定义的，而是人们对品牌体验分享的结果。好的产品都是先经历了名人、"网红"或其他KOL的传播，然后经过"素人"们的口口相传，最后变成经典。消费者乐于用自己的信誉为好的产品背书，让身边的人尝试自己试用过的良心品牌。

例如某国产化妆品品牌直到2019年之前都是一个小众化妆品品牌，其创始人坚持投入大量资金进行产品研发，而不过度注重营销及包装设计，以至于其产品包装一直被网友笑称为"土味包装"。尽管如此，该"土味"品牌还是凭借自己较高的产品质量及性价比在美妆界打下一片天地，其修容粉物美价廉，不论是"种草"博主，还是素人，试用后都称赞不已，使这一款产品成为当家明星产品，为品牌赢得了口碑，为"出圈"打下坚实的基础。

5.2.7 知识付费

知识付费的本质是将知识变成产品或服务，区别于传统的教育、出版、媒体等知识付费形式，当下"知识付费"更多指的是移动互联网时代下利用知识生产者和消费者之间的信息差，将知识信息包装成产品或服务并将其通过互联网售卖的行为。在移动化、碎片化的大环境下，资讯的泛滥导致人与物的连接成本过低，信息和服务变得唾手可得，海量信息导致人的大脑筛选能力退化，我们更多地依靠"偶遇式阅读"而非"搜索式阅读"，而这也就很容易使自身学习目标逐渐偏离，陷入知识陷阱，进入一个靠自身无法挣脱的怪圈中，"时间不够用"的自我感觉越来越强烈。

知识付费的出现，在一定程度上筑起了知识壁垒，帮助用户更好地做出选择，减少用户在繁杂的信息中所消耗的沉没成本（时间和精力）。消费升级所带来的付费习惯逐步养成，知识付费逐渐演变成为用户寻求自我提升、解决自身焦虑的重要途径。

知识付费的主力军是中产阶级他们重视知识教育，又具备一定的消费能力，追求生活质量与个人提升。作为知识付费市场的早期受众，在今后的一段时间内也将依旧是这一市场的主体用户和最大贡献群体。目前知识付费行业发展仍然处于早期阶段，尽管知识产品与文娱产品不尽相同，但用户对优质内容的追求、付费意愿逐渐变强。相比教育、出版、媒体等其他知识付费形式，移动互联网环境下知识的内容本身没有发生变化，而载体、结构、产品形态、用户关系均已被重塑。

知识付费更加符合移动生产和消费的模式，并且内容更多样化、时间更灵活、展现形式更自由（声音、图文、视频、问答、咨询等），知识付费是未来消费趋势变化的一大重点。

5.3 成交转化关键五要素

任何成交都源自需求驱动、信任驱动、价值驱动这三大驱动。需求驱动是指消费者有某种产品需求，当他看到你卖这种产品时便会买入；信任驱动是指企业或个人通过口碑、品牌、宣传、展示等一系列方式让消费者信任企业或个人，从而产生购买欲望；价值驱动是指用户基于获得产品功能、利益、消费情感的价值产生的购买欲望。这三点驱动是成交转化的根本动力，将这三点扩展开来便是超值、稀缺、紧迫、零风险承诺、超值赠品这五个要素。

5.3.1 超值

1. 价值塑造

成交的本质是价值交换，解决用户的痛点和问题。用户在成交之前肯定会有担心买贵了的顾虑，所以在成交之前，你需要给用户强调产品的功效，塑造产品价值。在塑造产品价值时需要注意，产品价值是用户所接受的可以用来满足用户某种需求的好处，产品的特点不完全等于价值。假设在学校门口经营烤红薯摊位，一个初级卖家可能只会宣传红薯又大又甜、又香又糯、可口美味，但一个稍微懂得根据用户需求来强调产品卖点的卖家则会这样宣传："烤红薯，营养齐全而丰富的天然滋补品，富含大量膳食纤维，饱腹感强。"如此为红薯塑造价值，可以满足女大学生减肥、保持身材的需求。

2. 问比说好

问比说好，意思是你需要去揣摩用户需求，当你觉得揣摩不到用户真正的需求时，最好的方式就是问用户，而不是自作聪明地给用户灌输他不需要的价值。

3. 卖点与"获得感"结合

单纯阐述产品卖点、性价比，有些用户可能不被打动，所以需要运营人员抓住卖点和"获得感"来设计文案。制造"获得感"就是在成交前告知用户他能得到哪些好处，因为很多时候人们看到了营销文案，也可能会觉得产品不错，但是由于不是其消费时机、暂时不需要等因素仍会导致其不去购买产品，因此，品牌方需要制订不同的促销策略，比如买赠、满减等。"获得感"的创造更多是感性的认知，比如生活方式、使用场景等。在理性方面，"获得感"则偏重物质。在此，我们可以学习、分析小米插线板的产品说明文案。

小米插线板的广告语是"插线板中的艺术品"。"艺术品"说明了产品的颜值与价值。同时，商家与同品类产品进行了差异化宣传，突出产品的核心卖点——3个USB充电口、支持5V2A快充以及三重安全保护。其中"3个USB充电口"可谓插线板品类的创新，消费者可以看得见，属于显性卖点，所以令人印象深刻，也是用户需要的卖点，后两个则是隐性卖点，是产品的技术保障和差异化技术优势，会增强消费者的信任感。其产品卖点和"获得感"结合便为四个卖点。卖点一——3个USB充电口，支持5V2A快充，三重安全保护，"获得感"为解决智能设备增多导致的充电器大量占据插孔的问题；卖点二——迷你设计插线板，仅一个铅笔盒大小，采用体积更小巧的过载保护器，有智能快充功能的USB接口，薄至26毫米，其"获得感"为简洁、精致、小巧，适合出差时随身携带，更少占用旅行箱空间，让旅途中办公更加方便，即使放在床头柜上使用，无论功能还是外形都恰到好处；卖点三——按照家居装饰品的要求重新设计插线板，使用与手机相同的制作工艺，外观精致简洁，顶面进行磨砂加工，防止多次插拔剐蹭表面，侧面则使用镜面抛光工艺，能与周围环境融合，其"获得感"为插线板成为桌面的装饰品；卖点四——独创超薄小插头，与瓶盖大小相近，在符合国家标准的基础上，最大化利用每一个空间，其"获得感"为让墙面看起来更加整洁。

通过小米插线板文案，我们会发现卖点与"获得感"文案融为一体呈现，很多时候"获得感"文案成为产品详情介绍的段落标题，重点突出使用场景、生活方式，而在详细介绍时才会告知消费者核心卖点、技术特点等。感性"获得感"文案更多从情感、生活方式、心理感受等层面表达，而此种表达对于部分消费者十分有效。"理性与感性"是根据不同消费者兴趣点而区别的，也与马斯洛需求层次理论相符。

5.3.2 稀缺

稀缺指的是告诉用户产品有限，先到先得。这种营销方法有一个较为常见的名称——饥饿营销。"物以稀为贵"，越稀缺的东西，人们购买的欲望就越强烈。早期小米手机最擅长使用饥饿营销，在手机发布会上，产品宣讲人会告诉"米粉"产品数量有限，供不应求，希望有意向的"米粉"早下手。

5.3.3 紧迫

成交转换方法当然要以近年来的电商巨头——阿里巴巴旗下的淘宝为例，"双十一"当晚，几乎所有店铺都会挂出限时抢购的公告，催促消费者快速完成下单过程。"双十一"购物节便利用"紧迫感"来促成交易，因为人们对"双十一"的普遍印象便是，在11月11日零点整是产品全年的最低价，过了这个时间便再也不能享受这么低的价格。淘宝充分地利用了消费者爱占便宜的心理，同时利用营造时间紧迫的氛围诱发消费者产生焦虑情绪。基于以上两点，大量消费者在"双十一"当天疯狂"剁手"，然而，"真话财经"曾对天猫"双十一"主会场30个大品类下的近15 000个商品样本进行价格分析，发现仅有17.17%的商品在"双十一"当天是全年最低价，另外高达82.83%的商品并非最低价，这说明有许多消费者在紧迫感的作用下冲动消费了。

5.3.4 零风险承诺

作为顾客，掏钱肯定是"肉疼"的、有所顾虑的。消费者担心买到假货，担心售后服务不方便，这时你需要帮顾客兜底，打消他们的顾虑。阿里巴巴在做电商之初就对消费者承诺，消费者在淘宝购买产品时，将钱从银行卡转到支付宝，然后等到消费者收到货之后，确认货物符合消费预期，才将支付宝中的钱转给商家。淘宝及支付宝给予消费者的零风险承诺彻底打消了消费者疑虑并和消费者建立了信任关系，这才使得支付宝及淘宝顺利成为大部分中国人的选择。拼多多上线之初多有假货，但是随着公司上市，拼多多不得不在意公司口碑。为了赢得消费者的信任，拼多多推出"百亿补贴"活动让利消费者，为拼多多打口碑。平台承诺"假一赔三"、活动无套路，为用户承担一切风险。

5.3.5 超值赠品

赠品这个概念很早便出现了。清朝末期的《庵堂相会》中写道："陈翠娥小姐良心好，珍珠塔一只当赠品。"发放赠品是成交的一种方式。社群内的赠品可以为特殊服务、电子书、知识文章、异业资源等；而直播中的赠品则可以是试用产品或者折扣券。无论是哪种赠品，都需要注意投消费者所好，同时也要注意以下三个原则。

第一个原则是赠品对于用户而言感知价格较高，而对运营者而言实际新增成本较低。运营者给用户赠送产品，一定是希望用户感到惊喜并看到优惠，在让用户获得小惊喜的同时，运营者要考虑赠品成本；第二个原则是赠品与用户所要购买的产品相关性较高；第三个原则是赠品要有利于品牌的推广。这里我们可以参考某彩妆品牌的做法。该品牌在"双十一""双十二"等优惠促销日会给消费者赠送该品牌全球品牌大使——某流量明星的印刷签名照，符合上述三个原则——首先，印刷签名照会给购买产品的该流量明星的"粉丝"带来小惊喜，而且印刷签名照的成本较低，其次，由于该流量明星是品牌的代言人，"粉丝"手中的签名照与产品相关性高，再次，由于"粉丝"在购买偶像代言的产品时会在互联网上晒单，无形中又增加了品牌曝光度，有利于品牌的推广。

5.4 成交方式

5.4.1 快闪群快速成交

目前，建群容易遇到活跃度低、运营难、成效慢这三个困难，而且，伴随着线上流量的争夺，互联网平台的流量价格越来越高，品牌想要在线上获得可持续的曝光，需要保持长期且高质量的内容触达，一旦停下内容输出，用户的注意力就容易被其他信息牵引，最终导致流失。这意味着，线上营销要进行长期的平台运维、更大范围的广告投放、更多的经费支出，在线上购买流量变得越来越不划算。于是，许多企业创造性地引入了快闪群这种成交方式，即建群的目的便是成交，群聊在成交后便会解散。快闪群具有周期短、易上手、成效好这三个特点，其成效好的原因在于利用大众的从众心理，让大家看到热闹，然后随着人群争相购买。

在快闪群提高群发售转化率需要注意四点。第一，准备充足。没有准备的运营，就是在准备失败。要准备好各方面的细节，比如主题活动的设计。第二，保证用户基数大，参与的用户越多，转化的人数也就越多。提高用户基数的具体方法可以回顾"引流篇"。第三，保持关注度。快闪群虽然"寿命"短，但是也需要通过各种方法提高用户的关注度，常用的方法为发大红包或者用该群名"炸群"。第四，提高产品价值，让用户觉得这种产品必不可缺。这里可以运用顾客见证、限时限量、赠品策略、零风险承诺、阶梯涨价、拼团折扣等方法。某面膜品牌曾建过规模较大的快闪群，从拉人、预热、定点抢购、活动结束解散，整个运营过程不超过4小时。

5.4.2　精准群深度运营成交

每一次成交的背后都蕴含着运营者的心血,不同的群要使用不同的方法,对于快闪群,要的便是快速成交、避免用户反悔,而精准群则需要深度、精细化运营。精准群中聚集的都是品牌或者产品的潜在用户,在这个群中,运营者要以交朋友的目的去接近,取得用户的信任后再谈成交的事。

5.4.3　"一对一"私聊追销成交

目前,无论是微商、社交电商平台,还是线下门店,几乎都通过微信来做宣传,实现成交,比如发朋友圈、群发消息、建销售群、"一对一"私聊。这其中属"一对一"私聊最为直接,它能帮助运营者快速判断用户是否有购买欲望,针对有购买欲望的用户发送特定的消息。在"一对一"私聊之前运营者应该做好如下三个准备。第一,准备信念。信念是一切成交的基石,只有你自己相信产品是真的好用,真的对别人有帮助,才会有分享的信念。第二,准备心态。要做好被拒绝的准备,把每一次拒绝都当作成长的养料,时刻告诉自己"别人拒绝我是正常的,别人接受我是福气",有了这样的心态,销售之路才会越走越好。第三,准备信心。信心来自自己的专业度,来自对品牌百分百的肯定,来自用户的反馈以及自己一次次的成交经历。

5.4.4　多对一关键人物服务成交

想要成交快、成交金额大,就必须找对关键人物,让关键人物促成成交。如果一开始就找错人,就算你拿出所有的推销绝活,到头来，还是会铩羽而归。所以，在开发准顾客阶段，对于运营者而言，最重要的工作之一就是找对关键人物，让关键人物发挥他的带动力促成成交。这种关键人物就如同KOL，拥有更多、更准确的产品信息，并且被某些群体所了解，在群体中有一定的话语权。

5.4.5 朋友圈快闪成交

对私域流量运营人员而言，朋友圈也是快速成交的一大法宝，合理使用朋友圈也能进行快闪成交。常见的在朋友圈中快闪成交的，一般为在朋友圈中发布产品文案，告诉微信好友限时售卖产品，售完即止，这种快闪成交方法适合个人微信号运营人员；对于企业而言，企业大可让员工在朋友圈中宣传产品，然后让员工在朋友圈文案中放置售卖产品的链接，告诉朋友圈内的朋友或者用户，两小时内链接失效。

5.4.6 直播成交

直播成交可谓目前所有成交中最为高效的。2019年的"双十一"当天，淘宝直播成交额达到200亿元，亿元直播间就超过了10个。直播成为"双十一"期间品牌商家最大的增长点。如今直播形式正在经历从卖场到媒体化的转型，不但为品牌带来不可思议的火爆的销量，更变成了品牌营销的阵地之一。直播成交基于信任，一般成交100元以内的产品相对比较容易，而如果要成交大单，就必须做到可持续的价值输出，不断提升信任度！

5.5 招商

招商，是指发包方将自己的服务、产品在一定范围内进行发布，以招募商户共同发展。做社群、直播最后的目的都是卖出产品，对于小型的创业者或者小微企业而言，招商便是招代理人，便是招人帮助分销产品，招代理人的过程其实也是成交的过程。因此，想要成交份额高，就必须熟悉招商的整个流程。

5.5.1 招商流程

1. 会前

1）通知到位

提前通知，每次公告都准确告知群友群内即将举办的活动，希望他们能及时参加，通知时间最好为中午12点和晚上9点，这两个时间段用户比较有闲暇时间，更可能看到消息。可以通过改群名、通知有红包雨、通告复制等方法确保群友及时看见通知，尽量要求群友回复"活动具体时间+活动名称+我会到"。

2）预热到位

通知只是活动准备过程中最小的一步，预热是最关键的一步，预热得当会使群友兴致高涨，在活动过程中更有参与感。奥运会及春晚都有倒计时，倒计时能激起参与者的仪式感，同样的，我们可以将倒计时运用到预热过程中。在活动开始前进行倒计时，然后群主发消息"活动开始"并发送红包，庆祝活动顺利开展。

3）临时建群

临时建群的目的在于及时统计参与人数，并且防止重要资料泄露。

2. 会中

会中，各方面需要配合完善，执行到位。群主或主讲人注意控场、把握招商活动进度；小号及运营团队刷消息，保证群内不冷场。

3. 会后

会后总结很重要，活动不止一次，反复复盘、反复总结吸取教训可以完善整个招商流程。通过对过去的思维和行动进行回顾、反思和探究，找出原因，找到规律，从而指导我们解决问题，帮助我们提升能力。对于复盘来说，回顾、反思、探究、提升，一个都不能少。但凡有所成就的人，都是复盘的高手。复盘可以避免犯同样的错误，找到和掌握规律，校验方向，不断成长，专向持续的成功。

5.5.2 招商四句话

1. 舒服+佩服

1）舒服

这里的舒服是指让用户看得舒服，需要塑造好的形象，包括头像、昵称、表情图、群名、公告、视频和图片。在"引流篇"打造个人IP部分提到，形象需要真诚大方，头像显身份，让用户感受你的真诚、热情和职业素养；昵称递名片，昵称要具有辨识度。在"社群篇"上半部分提到，群名设置要简明，突显品牌和领域，让用户一眼便知；公告简练而逻辑完善，让用户看出专业性。

2）佩服

用户的佩服源于群内整齐划一、规矩严明的风气。群内成员在运营者的引导下尊重群友、热情回复、自信表达、纪律严明。这样富有人情味，但又如同军队般整齐划一、人人遵纪的群聊才会体现运营者的管理能力。

2. 感动+冲动

成交之前群内氛围必须营造倒位，让人感动而冲动，有下单购买的欲望。在直播销售中，主播不仅借鉴了电视导购主播的方法，还会在此基础上进行改进。例如主播会邀请产品的创始人分享研发过程并附赠赠品，会邀请早期用户分享使用感受，用稀缺、紧迫、超值、零风险等产品特征调动消费者的情绪，催促消费者快速下单。

3. 有带动才有行动

人有从众心理，看见周围人做什么，就会想着自己如果不这样做，会不会失了先机，或者无法加入共同话题讨论。抓住从众心理被广泛运用于各种营销渠道，例如淘宝卖家会雇人刷好评、饮品店会在各大平台投放门店门庭若市的照片。有效的带动才能让真正的消费者下定决心购买。

4. "快火炒"也要"慢火炖"

营销节奏很重要，一直都紧绷着神经难免会感到压抑。"淘宝一哥"李佳琦直播时也不是时时刻刻喊着"Oh，my god。所有女生，买它！"在介绍产品的间隙，李佳琦会与"粉丝"互动，有时聊聊自己试用产品的感受；有时会给"粉丝"看看自己养的宠物；有时也会现身说法让"粉丝"注意安全……这样一系列的举动让李佳琦直播间变得很温馨，让"粉丝"愿意长时间停留。

5.6 增单提价升业绩

消费者"频频剁手"的原因，除了控制不住自己的购物欲望外，还有商家的诱导。为了让新产品的销售业绩更好，运营人员往往会设计多种多样的方法，有效的方法的确可以帮助运营者增单、提价、升业绩。

5.6.1 秒杀

1. 秒杀的定义及一般使用

"秒杀"指的是平台商家发布一些超低价格的商品，让所有买家在同一时间网上抢购的一种销售方式，由于商品价格低廉，往往一上架就被抢购一空，有时只用一秒钟，所以会被称为"秒杀"。

对于大多数电商产品，想要刺激用户进行消费就要调动用户的感性和冲动。在电商场景里，低价不能直接调动用户冲动消费，而要让用户同时感觉到商品的高价值和低价格并存，只要购买就是得了实惠占了便宜，才会产生消费冲动。举例来说，如果我们直接把商品的价格降为40元，对于用户来说并没有任何直观的刺激。但是如果告知用户原价是100元，给出一个锚定价格，用户就会直观感受到购买就是占便宜。同时，告知用户这个低价不是常有的，只在短时间内有效，而且数量也是有限的，错过了这次机会就再也没有了。这样就能刺激用户尽快下手，充分调动用户的情绪冲动消费。

在选择秒杀产品的时候，尽量选择低价值的、质量有保证的、不容易让用户退货的、可囤积的，品类可选择快速消费品、数码产品、水果生鲜等；不要选择那些高价值的、成交周期较长的，诸如汽车、房子、奢侈品、大宗商品、高端培训课程等，以免产生退货纠纷，增加不必要的后续流程。

2. 秒杀功能设置要点

运营者在设置秒杀功能的时候，要注意以下几个要点。

1）将参与秒杀的商品设置秒杀的标识

设置秒杀的标识是为了让用户区分普通商品和秒杀商品，方便用户快速识别参与秒杀的商品。

2）参与秒杀的商品排列在列表的前面

参与秒杀的商品排列在列表的前面是为了增加秒杀商品的曝光率。越靠前的位置曝光率越高，能够让更多的用户看到。

3）突出显示秒杀价和原价

通过突出显示秒杀价和原价，让用户进行价格对比，烘托秒杀的效果，从而吊起用户的购买欲望，吸引用户点击链接并购买。

4）显示秒杀商品的剩余数量

剩余数量法，给用户传递出"所剩数量已不多"的信息，让用户觉得"要尽快下手，不然就买不到了，如果没买到，我就亏了"。这就利用了人们厌恶损失的心理，因为面对同样数量的收益和损失时，人们通常认为损失更加难以忍受，这就进一步刺激了用户点击并购买的欲望。

秒杀有时间性，要创造"抢"的氛围以及顾客蜂拥而上的现象，只要有人在抢一个商品，其他顾客就会蜂拥而上，根本不会考虑自己是否需要或者研究商品到底有多好。只要是有人抢，自己不抢的话，那肯定是亏了。所以商家在做"限时秒杀"的时候，会制造这个商品短时间内有很多人买或者马上就要售罄的表象，从而吸引顾客。商品秒杀做得好，不仅仅会在短时间内将商品销售完，还会获得巨大流量。这个营销模式可以说是很高效且直接了，所以很多电商都会采用此种方式吸引用户进行抢购。

5.6.2 拼单

1. 拼单的定义及作用

拼单指的是购物时，当能成交的最低交易额低于自己想要的交易额，或者是想要以比原价更低的价格成交时，找到与自己有相同购物需求的人进行有组织性的集体购买。早期的拼单，其实非常依托社交和线上传播、裂变来成团，以明显低于市场价的价格驱使消费者将商品分享给亲戚、朋友，甚至让亲戚朋友帮忙转发，形成多级裂变。拼多多的创始人黄峥曾说道："传统电商是人找货，而拼团模式是货找人。" 对于拼单这种模式，每当一个新用户邀请另一个用户使用拼团，那么他后续购物成团的可能性就多一分，而他邀请到的朋友为了更快成团，又可能去邀请其他朋友。所以我们能看到早期拼团很多是十人团甚至是几十人团，但价格也同样非常有吸引力。这种传播效应是非常惊人的。

拼多多就是拼单促成交的受益方。凭借着拼单这一策略，2015年9月成立的拼多多，在2016年2月取得单月成交额破1 000万元、付费用户突破2 000万的成绩。2016年3月，获得由IDG资本领投了A轮900万美元融资；2016年7月，用户量突破1亿，获得B轮1.1亿美元融资，IDG资本、腾讯、高榕资本领投；2017年2月，获得红杉资本领投的C轮2.13亿美元融资；2018年4月，获得由腾讯投资领投的D轮13.68亿美元融资；2018年7月26日，拼多多正式登陆美国资本市场，发行价19美元，市值达到240亿美元。

作为社交电商的领头羊,拼多多从成立到上市,只花了34个月,发展迅速。拼多多上的商品都采用拼团购买的形式。相对于传统的个人用户购买,拼团购买的形式能够带来更大的购买量,购买方就具有了议价权,从而以较低的价格买到商品。这使得拼多多成功地抓住并解决了三四线及以下城市消费者最大的痛点——商品价格不够优惠。而且拼多多作为社交电商,借助社交平台很好地达到了推广和增大销售额的目的,节省了一部分的推广费用。拼多多平台再将这部分省下来的支出用于开展各种补贴活动,让商家获利、让消费者花更少的钱。

2. 拼单利用的用户心理

1)好物分享亲友,人际联结更开心

分享本就是人的天生欲望,人需要社交。一方面,分享是一种社会资源或自我价值的展现,另一方面,通过分享与亲友联络感情,不仅加深人际关系,而且大家也更开心。

2)一起买更便宜

一个人买没有大家一起买更便宜,拼团意味着更高的性价比。例如,一些平台团长发起拼单成团可免单,拼团享半价,砍价0元购的活动。人们总想要更多优惠、更多折扣,追求更多的利益,商家就利用了这一心理,让用户带用户一起购买产品。

3)普通用户不会将关系链视为金钱

拼单价格便宜的原因有两部分,一部分是因为拼单的产品为商家急需甩卖的产品,这时候商家相较于价格而言更在意销量;一部分是因为商家想利用普通用户的人际关系进行宣传,减少营销板块的投入,能够让利给消费者的空间更大。其实省下的折扣也是价格体系的一部分，只不过拿来与消费者介绍朋友的行为进行价值交换。如3人拼团，单价70元，原价100元，通过邀请2个朋友，就能得到30元的折扣奖励。普通拼团消费者不会意识到自己的朋友本质上对于商家而言也是金钱。商家通过低价商品吸引消费者主动邀请好友，其实是在帮自己省去一笔广告费，这也是企业用户裂变的核心一环，即充分利用社交关系链，强调分享，以最低预算、最大程度促使用户主动分享裂变"自传播"。

4）锚定效应

人们在追求便宜的同时，购买商品会受到锚定效应的影响，通过参考对比很容易觉得当前定价更"便宜"，就会更快促成交易。锚定价格就像参考物，对比暗示下用户会更容易接受新产品的定价。即第一时间给用户一个锚定价的初始信息，就能圈定他的思考范围，从而影响他的价格感知和行为决策。

5）需求满足

帮助别人会使人变得更开心，并使自己的生活方式更加积极，感觉生命更加有意义，因此进入良性循环，进一步产生更好的结果。通过和大家一起拼团，人们满足了基本物质需求——"低价收益"、情感需求——"存在感、成就感"和社交需求。尤其是通过个人社会资源和能力帮到其他人时，如很多人在这次新冠肺炎疫情期间分享口罩资源，心里的自我价值感会快速飙升，幸福感增强，更加自信。

6）熟人信任背书

对于参与拼单的用户来说，由于了解和信任朋友，内心的安全感被唤醒，减少了计算交易成本的主观意识，会更快速响应好友的拼团邀请。因为朋友相信所以"我"相信，一起买更便宜，刚好"我"也需要。正常情况下，产品的价值是由买方主观评价定义的，用户主观感受到什么就是什么，用户通过比较各种成本和机会选择来预判损益，决定是否交易。对于用户来说，他们交易时关心的是得到什么和付出什么。而直接参与朋友的拼团，由于朋友的信任担保安全可靠，不仅节约了自己的时间和精力成本，还能更便宜。

5.6.3 拍卖

拍卖也称竞买，是商业中的一种买卖方式，卖方把商品卖给出价最高的人。以前的拍卖营销往往被用于线下，直到移动互联网发展起来之后，拍卖营销渐渐被应用到线上。拍卖营销在近几年的微信社群运营中越来越火爆，也越来越有个性，已经渐渐成为运营者变现的一种方式。

1. 社群拍卖流程

1）拍品准备

拍品主要来自合作商家，为了保证效果，运营者统一拍照、编辑详情，上传至店铺网页。对于一群非专业人士来说，选品和编辑详情非常难。在准备拍品的过程中，运营者要思考一个问题，那就是站在消费者的角度来看商品价格是否足够透明，是否能够了解钱花得是否值得。群内的拍品最好为标准化的产品，比如拍一部名牌手机，消费者就会去对比京东价或官方价，如果京东价是4 000元，大家就会觉得只要自己拍到的价格低于4 000元，就是赚到了，每个消费者的消费逻辑都很清晰。

2）建群

建群即获取买家。以艺术品为例，你可以加入很多艺术品交流微信群、同行拍卖群，添加买家为好友，然后邀请对方加入自己的群聊。建群时要注意区分各种品类，艺术品玩家一般都有品类偏好，我们要针对用户需求拉他进入适合的社群。

3）组织群拍卖

一般可在白天进行拍品预展，晚上开拍。单场设置一定数量的拍品，买家根据分享的拍品链接出价，主持人报价引导竞拍（主持过程中有很多技巧和规范，可以参考"引流篇"个人IP打造部分的内容）。

4）售后

售后要做好联系付款、发货、物流跟踪、买家维系等。

2. 拍卖注意点归纳

有经济实力的买家的目的是竞拍，没有社交需求。整个群需要塑造流程专业、人员专业、拍品高质的形象，让群具有差异化和辨识度。除了公告和拍卖，群内无须过多闲聊，只需和买家保持维系。应分多个小组运营不同的群，独立组织社群拍卖。

5.6.4　提升客单价

1. 客单价的定义

客单价指的是平均一个客人购买商品的金额，在电商网站中可以理解为平均一个有效订单的金额。网络客单价总是随着时间的变化而变化，所以在计算客单价的过程中要考虑"在一定的时间范围内"。对于社群而言，在有了一定数量的社群用户后，提高现有用户的客单价，是进一步实现增长的主要途径。

2. 客单价的影响因素

1）产品定价

在影响客单价的因素中，最基础的就是商品类目的产品定价，定价高低也从基本上确定了客单价的高低。理论上客单价只会在产品定价的上下一定范围内浮动，有点类似于市场经济学里价值规律的情形。

2）促销优惠

在大型促销优惠的过程中客单价的高低取决于优惠的力度，如优惠券、折扣、满减、秒杀、赠品返利等，以及免运费的最低消费标准的设置。举个例子：在"双十一"期间，某家店铺设置的免运费最低消费标准为199元，这样的设定，在促销优惠力度较大的时候是让用户选择凑单购买多件商品的一个较好的办法。在设置免运费最低消费标准后，该店的客单价较之平时提高了不少。

3）关联推荐是否合理

关联推荐是否合理是一个间接影响因素。以淘宝为例，一般在商品详情页，店铺会推荐购买某某"套餐"，同时在商品详情页内会加入其他商品的图片链接。这种互链可以相互引流。现在基于大数据的算法，从首页到搜索列表页、详情页、购物车页、订单详情页，无所不在的关联商品推荐奠定了店铺内其他种类产品的流量基础。

4）其他

类目属性不同的商品，其客单价是不同的。消费者通常会购买一件服装，而不会仅仅购买一袋薯片。考虑到在线消费的时间成本与运费成本，消费者当然不会仅仅买一件单位定价低的商品，这与我们逛超市是一个道理——绝大多数情况下不会仅仅为了买一瓶矿泉水就去超市。所以，这里提出的客单价的影响因素实质上与购物车里的商品数量有莫大的关系。提高客单价的诀窍，就是提高单个客人购物车内商品的数量，以及单个订单内商品的数量。此外，对用户的消费调性培养也是一种提高客单价的方式，比如早期的小米一直在打造社群，引导用户追求极致的性价比。

3. 实例

作为电商巨头之一的拼多多为了提高客单价也是绞尽脑汁，推出了三个措施。

1）拼小圈

第一方面，拼多多首页有一个叫作"拼小圈"的板块，消费者通过这个板块可以看到自己的好友（大多数是微信好友）的购买动态。由于每个人的消费水平和需求通常与自己的好友是相近的，再加上信任背书、从众心理等作用，消费者极有可能购买好友已购买的商品。此外，消费者在使用拼多多浏览商品时，商品介绍中会显示"好友购买的商品""好友好评的商品"等消息提示。这一系列的操作目的，都在于充分借助好友之间的相似性，在降低消费者信任成本的同时，引导用户购买商品，从而达到提高客单价的目的。

2）详情页设置

第二方面，拼多多进行了详情页设置。消费者进入一款商品的购买详情页后，页面会专门展示该商品当前的拼单人数、拼单者的头像和名称，以及各个拼单者拼单剩余时间倒计时，给消费者营造一种"喧闹的集市感"；同时，多人购买也能使消费者的信任壁垒降低。在这种情境下，消费者在从众心理的驱动下更容易下单。若用户进入了购买流程但放弃付款，页面会弹出"是否确认放弃付款"的提示，并展示该商品的优势，以及多名用户好评过该商品的消息，进一步加强消费者对商品的信任，并将"继续购买"的提示键高亮显示，将"暂时放弃"的提示键标灰，这些设置都旨在促成用户下单。

3）会员制度

第三方面，会员制度。在消费者的个人主页，有一个"省钱月卡"的专栏，即拼多多会员推广的专栏。用户付费购买"省钱月卡"后，可以享受多种特权，包括专属低价、平台通用优惠券、拼单送礼以及免费试用等。这种形式对于长期、高频使用拼多多的消费者而言，可以享受各种特权达到省钱的目的；对于商家而言，可以达到培养用户长期使用拼多多平台、增强消费者黏性和提高活跃度的目的，从而最终实现客单价的提高目标。

5.6.5 提升复购率

复购率指在单位时间内对产品的重复购买次数。复购率与产品生命周期及顾客生命周期存在联系。假设一大瓶鲜奶的保质期只有3~5天，从顾客买回去开始计算，如果3天内他重复购买，这便是复购。

1. 提升复购率的原因

现在很多商家面临一个"烧钱"也尴尬的状况：一方面，拉新成本居高不下，另一方面，新用户大多是奔着"薅羊毛"来的，大多只会完成两次购买行为，都是由优惠券或补贴驱动的。这种用户价值是不持续的，甚至会使销售陷入虚假繁荣。因此想要提升用户价值，需要更为有效的办法——提升复购率，这考验的是用户对平台的信任度以及产品黏住用户的能力，想要让复购有所提升，需要花心思迭代产品以及设计运营策略。

2. 提升复购率的策略

1）会员

会员模式在传统线下店运营中已没什么新意了，但是它确实是利用用户信任换取未来现金流的一种很有效的手段。最近一年，有越来越多的电商平台也开始把这一策略搬到线上，目的就是绑定用户。当看到"成为黑卡会员，本单可省200+全年订单全部免运费"时，想必不少人都会动心吧？毕竟如果成了会员，买任何东西都不用考虑凑单免运费的问题，哪怕是只买一包化妆棉，也可以直接下单。

尽管笔者一直研究营销，即便明知道这都是商家针对人性弱点研究出来的套路，包括亚马逊的"Prime会员卡"、京东的"Plus会员卡"、小红书的"小红卡"等都是为了形成用户对商家的依赖感，仍然难抵诱惑，可见这样的会员模式准确地抓住了众多"剁手族"的购物心理。

2）人群

基于人群的运营要洞察用户需求。例如，通过研究行为数据，那些最近3天在列表页、搜索栏、收藏页、购物车都曾看过、添加过、收藏过鞋子的用户，一定是有了购鞋需求；20天前买过一次剪发套餐的用户，最近应该又有剪发需求了。只看不买一定是缺少契机和驱动，一次用户关怀、一张定时优惠券或许就能完成转化。作为运营者的你可以针对用户属性采取行动。用户都具有群体特征，你可以对学生群体采取半价策略，想办法黏住他们，因为学生总有走出"象牙塔"提高消费能力的一天；你可以给孕期妈妈送各种优惠券，期限是半年或一年，那么等宝宝出生后，她们很可能会继续购买你的产品。

3）硬件

随着科学技术的发展，人们的注意力和可把玩的东西越来越多，很多电商和内容平台都做了载体延伸，例如亚马逊的Kindle阅读器、喜马拉雅的小雅Nano（可以免费听喜马拉雅会员专属内容的智能音响)、Fire TV（亚马逊发布的智能电视盒子）、Fire Phone（亚马逊首款自主品牌的手机类产品）、Echo（亚马逊发布的智能音响）。智能音响Echo一出现，毫不夸张地说，亚马逊基本实现了让用户复购的目的。你只要对智能音响说帮我买一箱牛奶，或者帮我买一管牙膏，它就会确认一句"还是上次的品牌吗？"——一次购买行为就完成了，这就是硬件，帮用户预埋"下单程序"，从而产生持续复购行为。

3. 商家关注复购率的原因

1）品类本身

影响用户购买的最大因素就是产品本身。用户是否需要，是否持续复购，需要先从产品自身品类特性思考。例如对于一个手机店，关注月复购、季度复购、甚至年度复购率都是没必要的，这是手机这一品类本身特性决定的；对于快消品，比如牛奶、零食，用户长期需要，半个月、一个月就会有一次购买需求，那你需要用最小的成本留下这些人，所以，品类扩充一度被认为是电商平台想要存活和增长的重要手段。因为同一个人本身有多种购买需求，可以通过扩充品类提升平台满足用户需求的能力，从而提升单个用户的终身价值。

除了从品类本身思考，运营者可能还需要透过数据看用户的重复购买需求，对此，你可以筛选3个月内有首次购买行为的用户，看这群人中有复购行为的用户有多少、占比多少，以此评估用户的复购需求并推想影响因素。

2）经营阶段

Instagram（Facebook公司旗下一款社交应用）的CEO凯文·希尔斯特罗姆在《精益数据分析》一书中写道："90天内重复购买率达到1%~15%，说明你处于用户获取模式，把更多的精力和资源投入到新用户获取和转化。90天内重复购买率达到15%~30%，说明你处于混合模式，平衡用在新用户转化和老用户留存、复购上的精力和资源。90天内重复购买率达到30%以上，说明你处于忠诚度模式，把更多的精力和资源投入到用户复购上。"当企业发展到一定阶段，复购可能就成为重中之重。比如京东、淘宝等电商平台，笔者作为消费者体验到了他们为了提升复购率而做的服务升级。而视频网站，以2020年上半年"优爱腾芒"（优酷、爱奇艺、腾讯视频、芒果TV）的会员留存手段为例，爱奇艺、腾讯视频及芒果TV并未推出大规模的老用户回馈福利，这三大网络视频播放平台主要通过内容吸引用户，引导用户开通会员，但内容板块发展较为落后的优酷则通过回馈福利及特价吸引老会员充值。可见发展阶段不同，所使用的经营策略也不同。

5.6.6 提升到店率

1. 到店率与进店率

店铺进店率通俗来讲就是在单位时间内从店铺门口经过的客流量与进入店铺内的客流量的比率。比如单位时间内经过店铺门口的客流量是100人，其中有35人进入了店铺，进店率就是35%，计算公式为：进店客流量÷经过店铺门口的客流量×100%＝进店率。

而到店率为通过社群及直播等方式吸引到门店的比率，顾客的到店率直接影响着门店的业绩。顾客到店率越高，销售人员跟顾客接触的机会就越多，销售的机会就越多，业绩同样也不会少；相反顾客的到店率少，机会就少，沟通就少，那么业绩也不会多。所以顾客的到店率高，门店业绩就高。

2. 影响到店率的因素

1）客情管理

客情管理包括数据管理和持续服务。没有数据就无法管理，没有表格就无法执行。我们需要通过数据去管理顾客的到店次数，也可以随时统计沉睡型顾客，及时激活。优质的服务会让顾客满意，贴心的服务才会让顾客感动。想要为顾客提供更好的服务品质，最好能通过时常联系、生日祝福等问候方式保持良好关系，通过赠送VIP定制礼物，让顾客感觉到自己的与众不同。

2）预约与回访

让顾客养成预约的习惯，既可以节约顾客的等待时间，也可以合理安排工作。这需要指定预约顾客负责人及时检查店务手册，提醒顾客护理时间。而由管理层亲自做的电话回访，可以帮助管理者更好地了解顾客对服务的满意度，让顾客时刻感觉到被关心。

3）到店奖励

设定顾客到店的奖励，可以更好地提升用户到店的次数，也有助于销售会员卡和产品。以美容院为例，运营者可以为一个月进行3~4次护理的顾客赠送新产品体验券；顾客三个月进店10次，便可以享受特价疗程；对半年消费4次的顾客，便赠送土特产；到店率及消费额最高的顾客群体则可以享受免费的体验疗程。

4）营销策略

关于营销，这便回到了前面的"社群篇"及"直播篇"，运营者可以充分利用顾客群体的特点及产品直播加深顾客对产品的接受程度，具体方法可参看前文，这里不再赘述。

归纳总结

成交永远都是双向的、可持续的，杀鸡取卵式的成交本质上不是成交，而是销售，甚至可以说是欺骗，因为你欺骗了用户真挚的情感，使他们以后再也不愿意相信销售人员。在"成交篇"中讲述的成交，永远都是基于现实、基于消费者思维、基于用户需求而推出的服务。成交使运营者得到收益，从而实现梦想，消费者得到想要的服务及产品，这是共赢。

本篇是所有篇章的收尾篇，在这个篇章中，作为读者的你，可以尽可能地将前面所学通过这一章的方法转化成实实在在的价值。